Diego Torres de Villarroel

Visiones y visitas de Torres con don Francisco de Quevedo por la Corte

Barcelona **2024**
Linkgua-ediciones.com

Créditos

Título original: Visiones y visitas de Torres con don Francisco de Quevedo por la Corte.

© 2024, Red ediciones S.L.

e-mail: info@red-ediciones.com

Diseño de cubierta: Michel Mallard.

ISBN tapa dura: 978-84-1126-342-9.
ISBN rústica: 978-84-9816-820-4.
ISBN ebook: 978-84-9897-663-2.

Sumario

Brevísima presentación

La vida
Diego de Torres Villarroel (Salamanca, 1693-1779). España.
Hijo de un librero, estudió con una beca en la universidad de Salamanca y llevó una vida de aventuras. Fue soldado, buhonero, diácono, autor y editor de almanaques astrológicos que firmaba con el seudónimo de El Gran Piscator de Salamanca, catedrático de matemáticas, exorcista y, finalmente, sacerdote. Su amistad con Francisco de Quevedo influyó en su obra literaria, y en su visión crítica de la sociedad de su tiempo.

Visiones y visitas de Torres con don Francisco de Quevedo por la Corte

Al ilustrísimo señor don fray Gaspar de Molina y Oviedo, obispo de Almería, del Consejo de su majestad, &c.

Ilustrísimo señor:

Las desdichadas y ridículas moralidades que manchan los pliegos de este tosco libro, no son culto proporcionado para que se abriguen a la sombra de las prodigiosas y devotísimas tareas en que dichosamente se ocupa el estudio, la virtud y la dilatada contemplación de vueseñoría ilustrísima. La despreciable festividad de mis locuciones tampoco es ofrenda oportuna para dedicarse a un varón apostólico a quien las experiencias del acierto y las solicitudes del celo venerable sacaron del retiro de su celda para la doctrina, la cultura, el ejemplo y el socorro de las muchas almas que pueblan ese felicísimo obispado. Bien conozco que es osadía ofrecer las impertinencias inútiles de mis desvariados argumentos a quien como vueseñoría ilustrísima trata las ociosidades, los espectáculos y las diversiones del mundo con aborrecimiento generoso; pero las singulares honras que debo a la piedad de vueseñoría ilustrísima y la implacable ansia de poner en el público alguna señal de mi gratitud y servidumbre me han precipitado a hacer culto de la necedad, voto de la relajación, obsequio de la miseria y víctima de las locuras desgraciadas. Muchas veces desmayé en los propósitos de sacrificar a vueseñoría ilustrísima mis trabajosas producciones; pero contemplando la benignidad de vueseñoría ilustrísima y ajustando cuentas con mi obligación y mi fortuna, hallé siempre que me tendría más conveniencias, más honra y mejor esperanza pasar por el carácter de osado, que por el infame renombre de desagradecido.

No obstante las desventuras y debilidades de este sacrificio y los poderosos miedos de mi veneración, espero que el agrado de vueseñoría ilustrísima ha de aceptar y recoger las reverentes fatigas de mi humildísimo cortejo; porque la desdicha de mi juicio y la desnudez de la obra, solo por pobre, merecen infinito con vueseñoría ilustrísima, y en su necesidad llevan la más segura recomendación. Y una vez que arriben a besar sus pies, conseguirán la ventura y la abundancia que todos los pobres de esa dichosa parte de la Andalucía; pues como vocea la publicidad alegre y admirada, ya no los hay desde que vueseñoría ilustrísima fue a ser su padre, su obispo y su pastor. Vivo con este consuelo y con la confianza de que vueseñoría ilustrísima ha de perdonar los errores, las barbaridades y los desenfados de este rudo tomo; que yo quedo sumamente vano y persuadido a que el acierto de esta sola hoja enmendará todos sus defectos, y yo lograré con la gloria de mi elección y la piedad de vueseñoría ilustrísima los aplausos, estimaciones y fortunas que hasta ahora han sido imposibles a mi numen, mi pluma y mi trabajo. Nuestro Señor guarde a vueseñoría ilustrísima muchos años, como deseo y nos importa.

Salamanca y febrero 24 de 1743.

ILUSTRÍSIMO SEÑOR,

B. L. P. de V. S.I. su rendidísimo siervo,

El doctor don Diego de Torres Villarroel

Aprobación de fray Martín de San Antonio, firmada en Salamanca el 30 de abril de 1743.

Licencia del Ordinario, Salamanca, 2 de mayo de 1743, firmada por el licenciado don Sebastián Flores Pavón, por mandado del señor provisor don Bernardo Cayetano López del Hoyo.

Aprobación de fray Pablo de San Agustín, firmada en Salamanca el 18 de abril de 1739.

Licencia del Consejo, Madrid, 23 de abril de 1739, firmada por don Miguel Fernández Munilla.

Fe de erratas, Madrid, 18 de abril de 1743, firmada por el licenciado don Manuel Licardo de Rivera.

Tasa, Madrid, 29 de abril de 1743, sin firma.

Primeras visitas de Torres y Quevedo por Madrid

El lector, como Dios me lo enviare, malo
o bueno, justo o pecador, sano o
moribundo, que no soy asqueroso de
cuerpos ni conciencias ajenas.

Prólogo

Ya habrás oído decir, lector a secas (que eso de discreto, ni te lo dije nunca, ni lo oirás de mi boca), que en uno de los reinos extranjeros se le puso a un tratante en la cabeza vender diablos, como si fueran guacamayas o micos de Tolú. Éste dicen que guió la recua camino del infierno con una tropa de alguaciles, escribanos, médicos y alcaldes que iban hacia allá; y habiendo cargado, se vino a la feria y vendió todo el empleo de diablura, y aun se repartieron algunos mojicones entre los mercantes. Lo mismo ejecutaron otros mercaderes a su imitación, y hoy se están despachando demonios por cientos y Satanases por gruesas por todo el mundo, con más crédito que si fueran medallas de Roma. A mí, pues, se me ha plantado en el escaparate de los sesos vender mis sueños, mis delirios y mis modorras. Y no siendo éstas tan malas como los demonios, creo que te las he de vender bien vendidas; y más cuando tu perversa inclinación echa el tiempo al muladar del ocio, y tu curiosa necedad aboga por mi bolsillo contra el tuyo, como me lo han hecho creer mis antecedentes disparates. Desde hoy empiezo a soñar. Ten paciencia, o ahórcate; que yo no he de perder mi sueño porque tú me murmures los letargos.

Con don Francisco de Quevedo me sacó mi fantasía por esa Corte a ver los disfraces de este siglo, y juntos hemos notado la alteración de su tiempo al que hoy gozamos. Si te parece mal, poco cuidado me dará tu desazón. Conténtate; y no seas tan mentecato, que le pagues los azotes al verdugo; que yo no puedo desearte más castigo que es que tu paciencia me vengue de tu mordacidad. Siete veces soñó el insigne Quevedo como verás en el primer tomo de sus obras; conque a mí, que soy más avutardado de espíritu, me toca dormir y soñar más. En la relación de lo soñado me excederá Quevedo, pero a roncar no le cederé a él ni a cuantos aran y cavan.

Yo te llamara pío, benévolo, discreto y prudente lector, pero es enseñarte a malas adulaciones; y eres tan simple, que lo habías de creer, como que el miedo y la cortesía eran los que me obligaban a tratarte de este modo. ¿Qué cosa más fácil que presentarte el nombre de discreto, porque tú me volvieras el de erudito? Que es lo que sucede entre los que leen y escriben, afeitándose unos a otros. Pero es locura, porque yo nunca voy tras tus alabanzas, sino tras tu dinero. Suéltalo, y más que me quemes en estatua dando al fuego mi papel. Conténtate con lo lector en pelo, que lo discreto no lo has de ver en mi pluma, ni en mi lengua; porque yo no estoy acostumbrado a mentir, y hasta que muera te he de aporrear con mis verdades. Lo más que puedo hacer por ti es darte una receta para que te lo llamen otros. Es ésta: Lo primero, has de llamar madamas a todas las mujeres, hasta las cocineras y mozas de cántaro. Lee luego la cartilla del chichisbeo, que es el alcorán de los galanes españoles, cuyo primer carácter, en vez de cristus, es satanás. Traslada a tu memoria todo lo que en favor de él han escrito los poetas luteranos, repítelo en toda ocasión, y sigue aquellas instrucciones. En concurriendo con señoras, asoléalas bien, como si fueras a hacer pasas; que con esto, cuatro humaredas de incienso cortesano que te lo venderá cualquier lisonjero, los polvos de ¡cuándo soñé yo lograr tal fortuna!, su poco de aquello de deidades, hincar las rodillas a cada instante, hablar mucho y alto, te llamarán discreto. Pero cree que en la verdad te quedas un grandísimo tonto.

Si te determinas a leer, te advierto que sea con alguna reflexión. Mira no te quedes embobado como un salvaje en las pinturas de los mascarones que pongo en la primera entrada de las visitas; cuélate adentro, y encontrarás doctrina saludable para conocer y huir los vicios de esta edad. Si así lo haces, te dará buen provecho la lectura. Dios permita que así suceda; pero lo temo mucho, porque te he visto leer regularmente con mala intención, y solo andas a caza de moscas y te metes en censurar el estilo y las voces sin haber saludado la gramática castellana. Si quieres morder lo escrito, aprehende a hablar primero, y luego a escribir; y entonces serán racionales tus reparos. Pero si no sabes hablar con otro artificio que el que te enseñó tu madre o el ama que te dio la teta, no entres el hocico en mis sueños; porque puede ser que salgas escaldado. Dios te dé vida para que me pagues mis salvajadas, y mormura lo que tú quisieres, que yo quedo burlándome de verte metido a corrector de autores y libros y dando voto decisivo en lo que no entiendes ni puedes ejecutar. Consuélate con que yo estoy certísimamente creyendo que lo que tú censures, y lo que yo he escrito, todo es un envoltorio de majaderías. Y si llego a sospechar que hay algo bueno, más me inclinaré a que es lo que yo propongo, que lo que tú arguyes; porque esto está dictado con reflexión y con sano juicio, y lo que tú sueles decir es arrojado del delirio, de la envidia y de tu mala costumbre. Vale, seor leyente, hasta otro prólogo, que quizá será peor que el que se acaba aquí.

Preámbulo al sueño

A la héctica llama de un viudo candil, que aunque es un mocoso, ha días que padece achaques de caduco, destilaciones y gota, males viejos en candil de astrólogo, que como estudia a luz más derecha, tiene mal cuidada la torcida, estuve anoche aguantando la mecha y enojando a los párpados, que los quiero sobre las niñas de mis ojos, por brujulear las dicciones de un curioso libro que ha meses que le doy mi lado, porque me despierta el sueño. Y por más que porfiaba a vencer con mi atención los esperezos de la mugrienta luz, pudo más su flaqueza que mi constancia; pues en la palidez de sus congojas se desmayaron antes mis pestañas. Conque, enferma la vista, se me quedó difunto el miramiento.

Cansado, pues, y aun medroso, porque entre bostezos de viviente y boqueadas de agonizante más susto me daba que luces; por no levantarme de la cama a atizarlo (que no es candil el mío que se puede hacer cera y pábilo de él) y, lo principal, porque no me atisbase la camisa un compañero que se acueste en mi cuarto, arrimé el papel a una silla en donde descansan mis vestidos y, cogiendo una calceta que se columpiaba en uno de sus brazos, tiré dos azotes al aire para que acabase de un soplo vida que propiamente es humo. Mas, como guió el golpe mi ceguedad (mal presumida la distancia), del primer calcetazo le prendí las narices al candil; y en el suelo acabó de vomitar toda la asquerosa herrina y quedó tan sentido del porrazo, que después que amaneció en mi posada, le vi moquear por todas sus coyunturas. Tirados todos, el libro en la silla, el candil por tierra y yo en mi catre, enrosqué los lomos, di dos suspiros al aire, y eché de golpe la cabeza en la almohada. Y al caer se enterraron la mitad de las facciones, hasta medias narices; y como el dibujo de las ancas, muslos y suras se distinguía sobre la manta, quedé un medio perfil, metamorfosis entre galgo y astrólogo, que si me hubiera visto, se horrorizara un San Antón. Sin susto de cosa de esta vida, llamé al sueño; y en breve espacio de si viene o no viene, me pintaba la consideración depostrada (¡válgame Dios, qué acuerdo tan natural!) las parecidas imágenes de cama y sepultura, muerte y sueño, acreditándome este desengaño mi memoria con aquel dístico del gran Nasón, que bien sé que es suyo, pero no me acuerdo ahora en qué elegía lo colocó:

Stulte, quid est sommus gelidae nisi mortis imago?
Multa quiescundi tempora fata dabunt.

Pero con un filósofo descuido me sacudí de esta melancolía, considerando que aunque el sueño es muerte, era para mí entonces el dormir media
vida. Morir es preciso, y esta memoria y conformidad han podido quitarme
el horror a este fantasma; y si amaneciese en el sepulcro, me libraba de
médicos, zupias, el candilón y campanillorro, que son los prólogos del morir
y alabarderos del agonizar, y daba un gran chasco a los sacristanes. Aunque
de esta burla no se escaparán, porque justamente me voy despabilando
para ser difunto de gorra y muerto petardista; y la parroquia donde cayere,
habrá de honrarme de mogollón o faltar a la misericordia de enterrar los
muertos. Con este consuelo (propio alivio de un genio perdulario) y aquella
melancolía (natural aviso de nuestro frágil ser) fui perdiendo por instantes el
tacto de los ojos y la vista de los otros tres sentidos y medio; y cuando, a mi
parecer, el discurso estaba más despabilado, viene el sueño y, ¿qué hace?,
da un soplo a la luz de la razón; y me dejó el alma a buenas noches y a mí tan
mortal, que solo cuatro ronquidos, unos por la boca y otros por lo que no se
puede tomar en boca, eran asqueroso informe de mi vitalidad.

Acostada el alma, y ligados los sentidos a escondidas de las potencias, se
incorporó la fantasía, y con ella madrugaron también otro millón de duendes
que se acuestan en los desvanes de mi calvaria; y entre ellos se movió tal
bulla, que a no ser yo tan remolón de talentos y tan modorro de sentidos,
me hubiera desvelado los mismos arrullos que me mecían el letargo. Entre
las varias figuras que se abultaron en la oficina del sueño, fue la más amable
(aunque a los principios más horrible) la que voy a sacar a luz; y la estofó
la fantasía con tales matices, que ahora que sé que no duermo y que ciertamente estoy dictando lo que soñé entonces, estoy por jurar que fue más
visto que soñado.

Sueño

Yo gozaba en el éxtasis tirano del sueño todas las quietudes que pueden hacer dichoso a un dormido. Pero duró muy poco la sucesión de mis tranquilidades; pues a un breve rato que estaba en su poder, sentí que se descargaba sobre mis orejas una voz entre aullido y tiple desagradablemente desentonada, a manera de aquel desapacible ruido que resulta del vuelco de un talego de calderilla, y que me repitió tres o cuatro veces el campanudo apellido de Torres, Torres. ¡Jesús mil veces! Creo por entonces que desperté y que había visto que me estaba estorbando la respiración echado de bruces sobre mi almohada un semblante que calzaba sus veinte puntos de facciones hinchadas con la violencia de la postura. Las melenas, que parecían ramal de penitente, cabellos cilicios entre púa y pelote, tan rucios como rodados, servían de limpiadera de mis barbas. Por bigotes tenía dos mecheros de velón, y una pera como un rabo de cochino y tan larga, que le hacía roscas en la golilla; los ojos entre vidrios, y sus antojos y los míos formaban tan aguda su vista, que me pareció que me miraba con dos chuzos; el gesto tan abribonado, que partían a medias su ceño lo despegado y lo burlón. En fin, informaba su semblante un espíritu de los que los gitanos llaman conchudos, que son los que saben más que ellos y entienden toda la gramática parda y jerga pajiza del calorré, chai, mistorró y el parnié, que es el dios sobre todo de la bribia.

Luego que me advirtió desvelado, retiró la estatura a su natural erección. Yo me incorporé; y estregándome los ojos con los nudos de los dedos, me pareció que entre medroso y dormido, renqueando con las voces, con la pronunciación a gatas y el idioma en cluquillas, le dije:

—Sombra, fantasma o bulto de los espacios imaginarios, pues no te creo parto físico, sino aborto de su confusión, ¿quién eres? ¿Qué buscas en mí y en mi cuarto?

—Recoge al corazón el aliento —me dijo—, sosiégate y no des tantos vaivenes con las razones. Abre estos ojos y mira, que soy don Francisco de Quevedo y Villegas.

—Ven acá, sabio de los siglos, veneración mía, pasmo de la esfera, padre de la verdad, gracioso y prudente despreciador del mundo; llégate, aunque me chamusques; abrázame, aunque me tuestes; ven, que ya solo tu nombre me ha borrado el horror a lo difunto.

Estos y otros tales extremos hice yo, puesto en cruz sobre la cama y ahorcado de sus hombros; y volcándole a uno y otro lado la cabeza, le besé los carrillos, y con la violencia de los columpios nos quedamos sentados, él en una esquina y yo en el medio de mi catre.

—Dime, discreto mío —le volví a decir—, ¿no estás ya en la gloria? Pues ¿cómo dejas aquella amabilísima morada por las hediondeces de este siglo? Yo te creía eternamente gozando las verdaderas dichas de la beatitud; porque si dice Dios que el modo de conocer al árbol cristiano racional es por su fruto, siendo el que nos dejaste en tus obras tan maduro, tan dulce, tan suave, tan florido y tan incorruptible, es señal de que fuiste dichosa planta de este mundo; y quien en la tierra floreció tan místico y tan desengañado, se debe creer que llegarían sus frutos al cielo. Y no dudo que sabiendo tanto, te sabrías salvar; y si esto lo erraste, todo lo perdiste y ríome de tus obras, a quien siempre confesaré la deuda de ser menos bruto. Desengáñame, y dime por Dios, ¿a qué vienes?

—Yo no te puedo quitar la buena fee que te he merecido; pero tampoco te diré mi estado, porque no tengo licencia para desengañarte. Mi venida sabrás en vistiéndote. Y así recoge esos trebejos que tan sin aliño tienes barajados, y vístete; que el tiempo es breve, y es preciso aprovecharlo —dijo Quevedo.

Junté todos mis trapos encima de la cama; y brujuleando la boca a una calceta para empezar a arroparme, le dije:

—Perdona la curiosa impertinencia; y mientras yo acabo de vestirme, respóndeme a una duda que ha días que padezco y deseo salir de ella. Dime, ¿padeciste mucho purgatorio por las sátiras que dejaste escritas? Porque verdaderamente que están dictadas con desenfado y travesura, y con ellas enojarías a cuantos fueron coetáneos en tu siglo.

—El purgatorio —me dijo— lo pasé acá, porque viví desterrado muchos meses, preso muchos años, pobre y enfermo toda la vida; y esta continuada persecución fue por la paga de otros vicios, no por el que preguntas. Y aunque parece en mis obras que traté con desprecio los trabajos, debes saber que me impresionaron mil melancolías, que fueron el fomento de las dos apostemas que me quitaron la vida en Villanueva de los Infantes; en donde se están acabando de podrir las frías cenizas de esta ahora aparente organización. Y esta pregunta es necedad que la haga un hombre cristiano; porque si sabes que hasta de las buenas obras hemos de ser residenciados, ya podrás presumir lo riguroso de la cuenta, y solo puede disculpar tu ignorancia el buen deseo que te mueve a salir de algunos escrúpulos de que te considero acosado. Y así como tus sátiras no miren a más objeto que el vicio común, esto más será sermón que desenvoltura, más será buena plática que desahogo. Escribe doctrinas, y sea en el estilo a que se acomodare mejor tu natural. Te aconsejo que no gastes dibujos en tu locución, que la desnudez es el traje más galán de los desengaños; no castiga, ni corrige el ceño ni la rigidez una costumbre relajada; el desprecio ha corrido a muchos pecados; a la moralidad no la puede deslucir lo festivo de las voces; en la severidad de la plática y en el sobrecejo de las razones ordinariamente halla el gusto (estragado de la malicia) espinas que le punzan; lo desabrido no es esencia del desengaño; con el cebo de lo deleitable se introduce mejor el pasto de lo útil. A mi estilo calificaron los necios con el infame nombre de mordacidad, siendo así que mis inventivas nunca tuvieron particular destino. Solo las arrempujé a la general corrección de los desórdenes y abusos. Yo describí con invención festiva en El sueño de las calaveras el día del Juicio Final. En El entrometido, la dueña y el soplón pinté el infierno y los pecados que allá os arrastran. Si lo hubiera copiado con la pluma que pide el argumento, horrorizaría con la imagen. La plática terrible más espanta que convoca, más asusta que mueve; y a lo amargo de las verdades es preciso aconfitarlas para que perdido el primer asco, sean después medicina. En aquel linaje de agudeza, entre los motivos que sacaban la risa, hice que escuchasen los gritos que despiertan la memoria; y finalmente, salga al tablado del mundo la verdad, y sea en el adorno que quisieres.

Puso fin a la conversación de este asunto, dejándome consolado en mi pena y libre de los escrúpulos que me seguían continuamente la conciencia. Y habiéndome vestido, reparé más en el que traía el venerable difunto, y le dije:

—Yo no quisiera salir por la Corte contigo en ese traje, porque nos esperan los chiflidos y la grita de los que nos vean, porque ya solo en los entremeses se ven las golillas; y así por ahora ponte uno de mis vestidos, cortándole con esto los motivos a la irrisión que nos amenaza.

—No te dé cuidado —me respondió—, que mi figura solo a tus ojos se concede y a todo mortal está negada; y así acompáñame sin miedo a registrar la Corte.

—Don Francisco —le dije—, ¿a mí para qué me necesitas? Tú solo puedes ir, que no te has de perder.

—Ven y acompáñame —me respondió enojado un poco—, y no quieras saber más de mí.

Llegamos al umbral de la puerta; y parando allí un instante, mientras elegía camino y calle por donde empezar las visitas, le dije yo:

—Amigo difunto, lo que has de ver en este siglo es adelantado el vicio y la necedad. En tu tiempo había un hombre soberbio, otro lujurioso, otro ladrón y otro mohatrero; y ahora en cada uno vive de asiento la lujuria, la soberbia y la avaricia, y cada viviente es una galera de maldades. Pero también es cierto que se acabaron dos castas que florecieron en tu era, las más pestilentes que pisaban el mundo y apestaban el infierno. Ya no hay dueñas, ni hallarás un grano de esta maldita semilla, y ha algunos años que se acabó la sementera. Tampoco hay hipócritas, monederos falsos de la virtud y santidad.

—¿Conque no hay dueñas ni hipócritas en tu siglo? —dijo Quevedo.

—No, amigo —respondía—; ya no se dejan guardar las doncellas, ni hay quien afecte ayunos ni disciplinas, pues hasta las apariencias de virtuosos han aborrecido los hombres. Ahora se hace adorno de la destemplaza, gala del vicio, y pompa de la disolución.

—Vamos marchando —dijo el difunto—, que tengo vivas ansias de examinar tantas novedades como me prometen tus misterios.

Visión y visita primera

Los barberos

Por el Caballero de Gracia arriba íbamos los dos; y a poco trecho se nos colgó de las orejas un sonido entre acento de rabel y dejo de rebuzno, y a veces tan rabioso, que pareció maúllo concebido en caniculares de lujuria gatesca.

—¿Quién toca tan desapacible? —dijo Quevedo, a la sazón que llegamos a una tienda de barrer cachetes y desplumar guargueros.

—Vuelve la cara —le respondí—, sabio mío, a ese zaguán.

Volvímosla uno y otro; y divisamos por la media puerta que dejaba libre una cortina de holán gallego, estampada a nubarrones de aceite y mugre, a un mozuelo semimacho, más rapado que sotana de sopón, más relamido que plato de dulce en poder de pajes, en medio de ruedas de amolar, sillas despellejadas, bancos, escalfadores, bacías, demandas, redomas, paños sucios y moharraches. Estaba sentado en el sillón de pelar entrecejos, sirviéndole de cabalgadura uno de los muslos al otro, y serrándole las cuerdas a un violín con tal desconsuelo, que parecía salir el son de entre agallas de burro melancólico.

—Ves aquí —le dije a Quevedo—; éste es el que tocaba antes, que es un aprendiz de basurero de barbas, fregón de rostros y desmontador de traseros lanudos.

—Esto es cosa nueva —dijo el muerto sabio—. Desde ahora comienzo a descubrir la alteración de las cosas de mi siglo. Los ratos que vacaban los aprendices de barbero, tañían cuatro pasacalles en una vihuela.

—Otras novedades de mayor nota irás descubriendo en el prolijo discurso de estas visitas, que te han de suspender más la admiración —le respondí—. Eso que tú dices, difunto de mi alma, era en tiempo que se usaban doncellas. Entonces acudían las barbas al sonido de las vihuelas, y ahora se convocan a los que no están afelpados de carrillos al reclamo de los rabeles. Esto no es cosa digna de reparo; y si hemos de parar la vista y la atención en menudencias tan ridículas, no saldrás de Madrid en veinte siglos. Caminemos adelante, que ya hallarás novedades más desentonadas y lastimosas, y ellas mismas te han de reñir las advertencias y sátiras que escribiste contra las costumbres de tu mejor edad.

Visión y visita segunda

Las pelucas y militares andrajosos

Trepamos toda la calle; y aún no habíamos doblado la esquina, cuando dimos de ojos con un perillán vitela, limado de carnes, el pellejo vestido a raíz de la osatura, caudaloso de zancas, con una carrera de pescuezo, alma de callejón, espíritu en garrocha, pasante de cordel y aprendiz de línea; echaba por piernas dos listones de hueso más seguidos que el Alcorán; cara buida y amolada en necesidad; más angosto que el camino de la virtud, más hambriento que un noviciado. Era el buen fantasma un ayuno con sombrero, una dieta con pies, un desmayo con barbas y una carencia con calzones. Unas veces parecía el cuello bajón y otras calabaza; tan hundido de ojos, que juzgué que miraba por bucina; cada respiración traía a las ancas dos bostezos. Todo era indicio de estómago en pena, de tripas en vacante y de hambreón descomunal. Pisaba con dos vainas de cuchillo de monte en vez de zapatos, con sus roturas y enrejados, como que traía los pies en jaula. Amortajábanle las piernas unas mediecillas de solfa, salpicadas de puntos; unas veces, con los bujeros sobre las canillas, me parecían flautas; otras, se me representaban por cada una un gigote de pierna; todas eran saltos, carreras y galopes; por otras partes se miraba tan raro su tejido, que llegué a entender que había vidrieras de lana. Traía en torno de los muslos unos talegos indiciados de calzones, llenos de grietas, repulgos, chirlos, descalabraduras y cicatrices; por las entrepiernas se desmoronaban en hilachos, rapacejos, remiendos dislocados y otras campanillas; y entre todas se descolgaba un chisguete de camisón en ademán de ojeador de pastelero, jaspeado de cámaras de pulgas. Era de ver la casaquilla negra a saltos y parda a salpicones; un bosque de andrajos por forro, la tela entretenida de parches y reparada de emplastos; tan grasienta, que por cada pelo destilaba lechones y moqueaba enjudias. Veníanse ahorcando de ella, en la parte que corresponde al pecho, seis o siete botones medio desollados, cuyos ojales iban corriendo la posta de un rasgón hasta la espalda; su poco de espadín montado a la gurupa; una tortilla de sombrero medio ahogada en el sobaco, y una peluca de barbas de zalea, rizada a pellizcos y compuesta a bofetones.

23

—Extraña figura —dijo Quevedo—. ¡Válgame Dios! ¿No era bueno que este hombre echase una capa a su desnudez, y no que va por medio de la Corte siguiendo la ostentativa del infeliz estado de su suerte y haciendo gala de no traerla?

—Bueno fuera —le respondí—; pero advierte que semejantes figurones se mueren por cortar la pobreza a la moda, y viven contentos con andar desharrapados al uso. Como sea traje militar, aunque se forme de las tripas de cesta de maulero, no lo truecan por la mejor capa. Éstos nunca se ponen el sombrerillo por no machucar la peluca, aunque el Sol los chamusque.

—Varios he visto —dijo Quevedo— que andan con cabellera postiza. Dime, ¿se ha hecho mal contagioso el encalvecer? ¿O qué motiva no traer los más la natural corona de su cabello?

—No, sabio mío —respondí—; lo que ha pasado a ser achaque contagioso es la necia locura de los cortesanos. No han encalvecido de pelo, sino de juicio. Ingratos a la naturaleza que los adorna, desechan sus favores; córtanse el pelo con que los hermoseó la madre común, no solo atenta a la conservación, sino a la hermosura de sus vivientes. No hay ave que se desnude de sus plumas por vestir las ajenas. No hay árbol que sin sentimiento se despoje de sus hojas. No hay bruto que no viva contento con su pelo. Los socorros del arte son honestos, sin ofensas del natural; y es insufrible agravio acusarle a la naturaleza descuidos cuando se desveló en providencias. Yo espero que se han de introducir los anteojos por moda, que las piernas de palo las han de traer por uso, y las muletas por adorno.

—¡Oh tiempos! ¡Oh costumbres! —exclamó Quevedo—. En mi siglo eran las pelucas indicios de calvo o sospechas de tiñoso; ya creo que en el tuyo ha dilatado su imperio la mentira; persuádome a que hoy se vive con más artificio que entonces.

—Juiciosamente hablas —acudí yo—. Ningún siglo ha rebosado más embustes; porque has de entender que nos anegamos en sastres, llueven zapateros, hay langosta de letrados, y a enjambres andan los agentes, escribanos y relatores. Después de esto, todos estudian en parecer lo que no son. Pero vamos adelante, discreto mío; confirmarás en lo que vieres tu dictamen juicioso.

Visión y visita tercera

Puestos de rosolíes, mistelas y aguardientes

Iba Quevedo, sin mover las pestañas, repasando tiendas, ojeando tablillas y construyendo la descuadernada greguería de oficios que hay en la Red de San Luis; y a veces miraba con un ceño tan desagradable, que más terrible se hacía con lo airado, que con lo difunto. Yo también marchaba a su izquierda, confuso y atolondrado el celebro de discurrir el motivo, la ocasión y el modo de venirse Quevedo a la Corte. Porque si era para saber el orden o confusión de su política y los estragos de su república, sin cansarse en pasearla, lo pudiera ver desde su mansión. ¿Para informar a los bienaventurados? Ociosa medida. ¿Para avergonzar a los miserables precitos de que hay hombres en la carrera de la salvación tan malos como ellos? Excusada la diligencia, pues unos y otros se lo tienen sabido. Creo que si el difunto no me llama, que me despierta la batahola de este discurso. Cuando yo marchaba regañando con este pensamiento, me tiró la capa y me dijo:

—¿Qué especie de retablos es ésta; que he contado seis o siete en esta calle, que ni son boticas, tabernas ni figones, y lo parecen todo?

—Éstas, amigo muerto —le respondí—, son reposterías de volcar sesos, tiendas de hacer irrisible a la razón, lonjas de la embriaguez, oficinas en donde se labran los tabardillos y calenturas ardientes, tablados en donde se rifan las cólicas y reúmas, puestos para disponer muertes repentinas; y, últimamente, feria general en donde con las apariencias de calor saludable se compran las prácticas recetas de enfermar, morir y emborracharse. Repara, y las verás más asistidas que los templos; y son tan brutos los cortesanos, que se aporrean y madrugan a morir unos antes que otros. En cada casa de la Corte se destina un aposento para embalsamar estos julepes y jaropes. Se ha hecho razón de estado la borrachera, y pasa por cortesano montés y político zafio el que no hace provisión abundante de esas zupias. Éste es el vicio que se señorea más de los hombres. Considera tú cuál estará el seso de estas gentes ahumado a toda hora de mistelas, aguardientes y rosolíes. ¿Qué progresos? ¿Qué resoluciones dará un celebro acalorado con estas lumbres? ¿Y qué discursos hará un talento agobiado con la pesadez de espíritus tan extraños? Los más juiciosos usan destempladamente de estos licores; y les ha puesto la razón tan roma, la inteligencia tan chata, el alma tan burda y el juicio con tantas lagañas, que creen que ya vive generalmente en todos moribundo el calor nativo, y que no se puede vivir sin atizar los estómagos con esta maldita yesca. Invención ha sido del demonio para postrar los ardores de los castellanos, el fuego de los andaluces, los obstinados ardores de los catalanes y los rebeldes espíritus de los valencianos. No consiguieron las fuerzas del orbe domar sus arrogancias, y ya los tiene postrados con infamia la suavidad de este veneno.

—¡Qué Nerón inventó tormentos tan disimulados, martirios tan engañosos y tan malignas muertes! —exclamó Quevedo.

—No lo puedo decir —le respondí—. Lo que es más extraño es que no vivan acariciados de esta golosina, que al fin la gula se ha enseñoreado del caudal de nuestros sentidos; sino es ¿quién ha sido poderoso de arrempujar una sed tan vehemente a nuestros guargueros e introducir un frío tan helado en los estómagos, que no hay garganta que no se empine, ni hígado que no se revuelva al oír el nombre solo de estos licores?

—Las mistelas —volvió a decir Quevedo— y toda esta casta de vinos espirituosos y volátiles los gastaban en mi siglo los desahuciados por la medicina y la naturaleza, aplicándolos a la nariz para que por sus conductos pasasen a alentar celebros descaídos y pulsos remolones. Y hoy se usa más que el agua. ¡Válgame Dios! Si volviera a ser viviente, por no ver mundo tan borracho, pasara la vida entre los brutos de los montes; que ésta es compañía menos fiera que la de un racional pretendiente a bestialidades por sus vicios.

Visión y visita cuarta

Las librerías y libros nuevos

En esta conversación íbamos, dirigiéndonos camino del Consejo, cuando al pasar por junto a la puerta de una librería, tirándole la capa a don Francisco, le dije:

—No hay que dar por ahora un paso adelante. Paremos un poco, que aquí está una tienda de libros donde en breve rato verás la incultura y negligencia de las almas de esta infeliz edad.

—Parémonos en buena hora —me respondió, y pusímonos junto al umbral.

Era el mercader de libros garrafal de narices, frondoso de cejas, con cagalutas de lagañoso y prólogos de calvo; descalabraba los ojos a pedradas de su horrible figura, añadiéndole la cólera que tenía deformidades a su aspecto; en infusión de condenado el semblante, y el gesto de haber bebido espíritus de cómitre revueltos con quintaesencia de demonios; decía balas, hablaba chuzos y regoldaba bayonetas; cada resuello era un sartal de diablos, una ristra de maldiciones y una procesión de juramentos; en un instante le vimos jurar toda la letanía y la mitad del calendario.

Preguntóme Quevedo:

—¿Qué tiene éste, que desmintiéndose hombre, está haciendo las informaciones de furia para ser morador sempiterno del abismo? ¿Así se le caen de las manos a la razón las riendas que tiene para moderar la bruta libertad de los afectos?

—Presto escucharás —le respondí— los motivos de su impaciencia, que semejantes truenos se oyen todos los días en la calle en que estamos.

A esta sazón prosiguió el mercader su tempestad, diciendo:

—Mal haya el siglo en que es política la necedad y condición de bien criado la ignorancia. Mal haya quien me aconsejó que buscase la vida en la farándula de los libros después que los hombres se descartaron de racionales. En otro tiempo era la lección el pan de cada día: empezaba el cariño a las letras desde los príncipes; su ejemplar seguían los demás caballeros; los pobres y plebeyos, prometiéndose abrigo en la estimación de los nobles y adinerados, destinaban largos desvelos al estudio de las artes y ciencias. Cayeron del seno de la afición de los príncipes, olvidáronse las fatigas, dominó la ociosidad, subió a los tronos la rudeza, acabóse en todo la solicitud de adornar al entendimiento de noticias, y se empezó a hacer gala de lo necio.

—¿Es posible que han llegado los libros —dijo el sabio muerto— a juzgarse por ladrones del tiempo, enemigos del deleite y cuñados del gusto, los que antes eran familiares de la vida, consejeros del juicio, piedras de amolar el discurso, jardines del ingenio y eficaz arbitrio para desenojar un pobre su fortuna?

—Más vale —le respondí— en el arancel de un príncipe un papagayo que un filósofo, una mona que un matemático, un mico que un letrado, un mulo que un poeta.

—Estas tiendas hervían antes en todo género de personas, vendíanse los libros, continuábase el comercio. Hoy se nos sale la vida por los agujeros de la hambre. Mal haya la edad tan bruta, siglo irracional. Yo tengo de aburrir lo librero, y he de meterme a oficial de albardas; que ya el mundo es muy frecuente de pollinos.

A estas voces llegaban las quejas del mercader, al tiempo que don Francisco me preguntó:

—¿Es verdad lo que este hombre está gritando? Porque es cierto que si lo es, es infamia de la nación y aun de la naturaleza. En mi siglo empezó a declinar algo el estudio de las letras; pero no faltaba algún favor en los señores, y lograban estimación los estudiosos.

—¡Cómo si es verdad! —le respondí—. No pone nada de su caletre en lo que le escuchas. Hoy es moda el ignorar, es uso la barbaria, y las señas de caballero son escribir mal y discurrir peor. Más vale un tonto rebutido en adulador, un salvaje forrado en charlatán, un camello injerto en presuntuoso, que veinte resmas de Moretos y Villayzanes. El latín será dentro de pocos años más raro que el griego; y se tendrá por forzoso que venga otro Antonio de Nebrija, que fue el Pelayo de la latinidad. Eso de retórico no se usa, porque dicen que nada tiene fuerza de persuadir sino el dinero. De la divina poesía se perdieron los moldes. De la ciencia natural más saben las cocineras, los pastores y los hortelanos que los filósofos. Al fin, los estantes de los libros son banquetes de polilla y refectorios de ratones; tiempo llegará en que los echen al desván de las antiguallas a ser compañeros de los bigotes, de las calzas y los guardainfantes.

—Según lo que dices —preguntó Quevedo—, ¿no hay ya quién escriba?

—Ya quisiéramos —le respondí— que se leyese lo que está escrito. Los Hipócrates, los Galenos, los Avicenas, los Aristóteles, los Euclides y otros muchos se venden por arrobas a los mantequeros. Esta fortuna corren los príncipes, que a los demás les suele suceder lo proprio. En lo que toca a escribir en nuestra edad, es más fácil que ser médico. Buscando un título mozo, con poca alteración de palabras y menos de discursos, se puede meter un mascafrenos a padre de un libro anciano y zurcirle la paternidad a su nombre, aunque tenga el alma en cerro y por desvirgar la inteligencia.

Iba a repreguntarme Quevedo; pero a entrambos hizo volver el rostro el tropel de un hombre que se llegó a los umbrales de la tienda, tan gordo, que venía siendo ganapán de sí mismo, frisón de piernas, harto de cara y aún ahíto de los demás miembros; el rostro entre mascarón de navío, sumidero de taberna o escotillón de mosto; traía en ella esculpido a Esquivias y San Martín, bostezando bodegas, resollando toneles, con los ojos pasados por vino, un tomate maduro por nariz, un par de nalgas disciplinadas por carrillos, barba bruñida a chorreones de zumo de marrano; un puerco espín de estopa por peluca, espadín y casacón burdo, que casi le iba aporreando los talones. Entró, pues, en la tienda; y yo le dije a mi buen muerto:

—Ten cuenta, sabio mío, con este mamarracho; oirás lo que viene pidiendo.

Saludónos, no en español, ni en francés, sino en bruto; y habiendo hecho lo proprio con el mercader de los libros, le pidió si tenía un arte de cocina. Respondió que sí; ajustóle brevemente, soltó el camueso la moneda, y marchó cargado de su humanidad.

—¡Oh siglo infeliz! —dijo Quevedo—. Miren qué libros de filosofía moral buscan los hombres para enriquecer el juicio, para estudiar el desengaño, para dirigir las acciones, para enfrenar las osadías de la irascible y para las destemplanzas de la concupiscencia, si no es un arte de embravecer el apetito con lo exquisito de los manjares, solicitándole espuelas a la gula.

—Ese libro —añadí yo— y otras recetas de ahitarse, que andan manuscritas, tienen más estimación que todos los aforismos de Diógenes y los apotegmas de Plutarco. A los que tienen por oficio rascar la sarna de los paladares a los catedráticos de sabores, parece que se les cometió despoblar el mundo. Éstos son los alcahuetes de las apoplejías y los granaderos de la muerte; más hombres ha muerto el fuego de las cocinas que el de las campañas.

—Guía a otra parte —me dijo don Francisco—, que de esto ya estoy bien informado.

Visión y visita quinta

Los embudistas

Sin perder paso ni tropezar figura que nos cortase el hilo de cierto argumento en que discurríamos el difunto y yo, llegamos a la Platería. Entre la confusión de los coches se nos iba ocultando uno en que iba envainado un demonio en hábito de hombre; dos barriles de Zamora por carrillos, ahumado el rostro con incienso de infelices; derramábansele por los ojos malvasías, vinos del Rin y cuanta especie de licores ha arrastrado a España la viciosa sed de nuestros paladares; regoldando pollas, ventoseando perdices, todo cacoquimio de manjares y apopléctico de bebidas. Reconociólo Quevedo, y me dijo:

—¿Qué hombre es aquél tan hinchado de vanidad, que despierta con su aspecto el enojo de cuantos le miran?

—Éste —acudí yo— es Judas del valor de sus amigos; alquilador de su conciencia, como de mulas, a los ignorantes pretendientes; gañán de embustes, mercader de necesidades, revendedor de méritos; y, finalmente, su nombre proprio es embudista, que es el último ascenso de las ladroneras.

—Explícame ese oficio —me dijo Quevedo.

—Sí, haré; pero me has de dar palabra de callar como un muerto, y omitir las glosas y repreguntas que puede mover esta noticia.

—Sea en buen hora —me respondió.

Y yo proseguí:

—Viene un desgraciado perdido, o un perdulario, o un cuidadoso de su hacienda a la Corte con cuatro papeles que llaman servicios (juzga por las letras y las armas); encuentra, o lo dirigen los prácticos en la negociación, a la oficina de uno de éstos, guiado las más veces de otro aprendiz de embustes, andarín de trampas y arriero de ambiciones; presenta sus papeles, y hecho cargo de sus deseos, le dice el avariento: «La pretensión, se entablará, pero ha de hacer vuesa merced antes un depósito de mil pesos en parte segura de la justicia. Y para ganar a cierta persona, son precisos veinte doblones; y al carretero de lástimas que le ha conducido a vuesa merced a esta venta, le dará para refrescar; y a mí por ahora lo que fuere su gusto, que en concluyéndose la dependencia hará vuesa merced como caballero. Y tenga fee que esto lo hemos de lograr, aunque salga por las picas de Flandes; que hay amigos, y éste es el todo de las pretensiones.» Ésta es, señor Quevedo, la vida de ese hombre y de otros infinitos en Madrid.

Santiguóse don Francisco, y no me habló una palabra, ni yo quise decirle más.

Visión y visita sexta

Los letrados

No bien había visto el reverendo finado la Casa de los Consejos, cuando dijo:

—¿Esta casa es nuevamente destinada para los tribunales? En la misma habitación de los Reyes residía antes la justicia. Esto está muy apartado de la Majestad, si yo no he perdido la memoria de las situaciones.

—Algunos años ha que están aquí los Consejos —le respondí—; y pues hemos llegado con felicidad, entra, que las mismas visiones te informarán el interior gobierno de esta ignorada república. Y mientras tanto que sales, divertiré la impaciencia con el reconocimiento de los fárragos que atesora aquí este librero.

—Pues ¿cómo va esto? ¿No me guías tú? —me dijo el difunto, a quien respondí:

—Tú no necesitas lazarillo que te lleve el cabestro; entra, pues lo puedes hacer como por tu casa, que aquí aguardo.

—Éste es miedo —me replicó.

—Sí, amigo —le respondí.

—Pues cuando yo era viviente —me replicó—, no tuve cobardía para decir las verdades a todo el mundo. Si has repasado mis obras, habrás visto en muchos lugares, especialmente en la Fortuna con seso, cómo argüí y aconsejé a los malos ministros y, armado del escudo de la verdad, me burlé de las tiranías de los privados.

—Sí, amigo —le dije—; pero también viviste preso, desterrado y aborrecido. Y en todo tiempo te retirabas a tus mayorazgos, que, aunque cortos, ya lograbas que te diesen con qué entretener la vida; y a toda mala fortuna, por caballero de mogollón te había de sustentar tu Orden en Uclés; y yo no tengo más paradero que un presidio o una portería. Mañana se me antojará escribir estas visitas que vamos haciendo los dos; y si no las parlo con mucho disimulo y acertado respeto, cuando mejor libre, será perder el tiempo y el trabajo. Y así es lo más seguro huir de estas contingencias; que puede suceder que yo vea algo que me haga hablar, y que me escuche algún diablo soplón de tantos como alientan aquí y me haga una causa en un abrir y cerrar de ojos. Entra tú hasta los últimos entresijos de esta habitación, y allá te las hayas. Aunque si vale para con tu crédito mi informe, en reconociendo esos patios que desde aquí se registran, no tienes más que ver; porque el interior de esta fábrica la ocupan solo los ministros togados. Éstos viven sobradamente pobres; harto he dicho para que conozcas su virtud. El trabajo es inmenso, la tarea insufrible, el sueldo poco y mal pagado; viven perseguidos de embustes, sus orejas atormentadas de aullidos de miserables y de mentiras de tramposos; a sus manos solo llegan horrores de delincuentes, quejas de pleiteantes, desdichas de infelices; y su descanso es llorar los trabajos proprios y ajenos. En estos patios encontrarás los sobornos, las trampas, y a todas legales, los embudos y la insolente casta de hombres que se ríen como si no hubiera eternidad.

Entró Quevedo, y a breves instantes salió y dijo:

—Nada he visto que no tocase cuando viviente; esta turba de escribanos, agentes, procuradores, la misma es que en mi tiempo. Un escándalo he visto por donde discurro lo rencoroso y lo diviso de las repúblicas. Éste es la gran copia de abogados meñiques y legistas motilones, que es tanta, que excede duplicado el número de pleitos y litigantes; y ver que son más que los pleiteantes los abogados, y que todos tengan que comer y que gastar como Dios manda, yo no sé cómo se pueda componer.

—Es tan abundante la sarta de ellos en la Corte —le dije yo a Quevedo—, que de cualquier vaporcillo se forma un abogado. Y el otro día sucedió que estando una carretada de troncos en el rincón de una portería de un convento, se empezaron a bullir y a levantarse prodigiosamente por obra de algún nigromántico, se ahorcaron de una golilla y se rodearon de una capa talar; y salieron por la puerta estornudando párrafos y eructando citas con notable admiración de los que allí estaban; los cuales los siguieron, viéndolos ensartar por las puertas del Consejo. Providencias notables han dado los superiores ministros, pero no han conseguido aniquilar esta langosta. De cada uno que destierran, resucitan tres o cuatro; conque no tenemos esperanza de que se desaloje esta peste, sino que sea sitiándola por hambre; y vivimos algo consolados, porque ya empiezan a comerse unos a otros.

—Lo que es extraño también —dijo Quevedo— es que los más son lampiños, y en mi tiempo era más raro que el fénix el letrado sin barbas.

—Es que entonces eran los otros los rapados, porque los pelaban ellos. Y ahora lo somos todos, nosotros y ellos; porque es tanta la caterva, que se rapan unos a otros, y por eso hierve el mundo en discordias, porque éstos comen con los pleitos y las manotadas; y si ellos no los buscan, nosotros estamos ya tan discretos, que no se los hemos de llevar a casa, y aquí se vienen a zumbar los perros, porque su ganancia es que haya aullidos, gritería, golpes, pendencias y codicias. Y en eso de que sean desbarbados, no te admires, porque no todos los que has visto en el cepo de los cartones son letrados; que como en un tiempo vestían las madres a los niños que deslechaban de frailecitos, ahora los visten de abogados para que Dios les dé esta vocación, que hoy es socorrida; y se han ensanchado las leyes de esta orden, y se logra una vida acomodada. En tu tiempo no eran letrados, ni pisaban estas losas hasta los cuarenta años; y ahora en cumpliendo los diez y seis, profesan de patraña, y a los veinte jubilan en la provincia de los embusteros. Yo te diré en lo que consiste su estudio, como quien ha visto su formación en las escuelas.

»Entra un tonto de éstos en un colegio o universidad, se enjuaga con un buche de súmulas, sale haciendo un silogismo más desfigurado que ayunante hipócrita, indispuestos los términos de mal de cabeza, y las premisas diciendo que la conclusión no es su hija, que se la echaron a la puerta. Sale, pues, dialéctico de suposición, y no ha saludado sus umbrales; vase al aula de los legistas a ganar el año y perder todo el tiempo; engaña a su pobre padre, persuadiéndole a que ha masticado la Instituta y que ninguno frecuenta más a Vinio y a Antonio Pichardo, siendo así que no atiende a otras leyes que las del juego. Envíale su padre la mesada, y él envida todo el resto a sus condiscípulos o conjugadores. Acércanse las Carnestolendas, y hace provisión de naranjas para exprimirlas sobre los pescuezos de todo ganapán o aldeano, como si fueran pechugas de perdiz. Y con esto y colgarse en toda fiesta de Iglesia en la pila del agua bendita (como cosa perdida o excomunión) a requebrar casadas y cascar doncellas, tiene a pocos años de esta desenvoltura quien le firme el papel de estudioso, habiéndole hecho de bufón y tahúr en todo este tiempo.

»Al cabo de él se quita una letra de paseante, y se pone a pasante. Se va a la casa de otro que tiene telares de este enredo litigioso, hombre a quien ya le hierve el seso a borbollones de tejer embustes y trae la beca hecha un farrapo en el colegio de los engaitadores; vase, como digo, a la casa de éste, empieza a hacer peticiones mazorrales, dale su maestro la llave de la práctica, que es la llave maestra para abrir faltriqueras, con la cual dejan más limpios a los litigantes que los que entran por el agujero de Santiago; y ésta llaman pasantía. Mejor dijeran pasatiempo. Y con estos méritos se reciben para abogar en estrados, los que fueran mejor recibidos para abogar en galeras. Vienen a la Corte, se ajustan la golilla y ensanchan la conciencia. Arrástrales la capa y la codicia, almidonan y estiran la figura; y afectando severidad juiciosa, quieren parecer Catones, los que son cartones. Abren un cuarto que llaman estudio, no teniendo otro estudio que encerrar cuartos; lo llenan de juegos de libros, y no ven más libro que el del juego; y éstas son las fatigas que los enriquecen, siendo el embuste la mano que les lleva el alimento a la boca de su interés.

»Yo no he visto el infierno, pero lo discurro ahíto ya de estos atunes; y los demonios los recibirán con asco, porque la mucha abundancia hace despreciable la mercaduría. Dicen que son padres de las leyes, y viven sin ley; vocean que todo su estudio se ordena a hallar la mente del príncipe, siendo así que se encamina a buscar la mentira. El fiel de Astrea lo han convertido en peso de regatón; porque a un párrafo más sencillo que un montañés y más claro que poeta de primera tonsura, lo dejan con sus interpretaciones más oscuro que boca de lobo, y lo vuelven en cuadro de perspectiva con lo bastardo de sus glosas, consiguiendo que mirado por una parte se descubra en él un ángel y por otra un diablo, por aquí la gloria y por allá el infierno. Son peores que los médicos, difunto de mi alma, que es la mayor ponderación que puedo hacer. Éstos ya desahucian a algunos enfermos, pero los letrados no hay ejemplar que desahucien a ningún pleiteante. Yo nunca quise pleitos, porque ninguno que aboga lo pierde, ni lo gana el que pleitea. En mi casa no entrarán abogados ni gatos; pues, siendo estos últimos destinados a cazar ratones, no se sabe cuáles son más perniciosos enemigos: éstos, que roen un arca, o los otros, que suelen merendar la cena. Y lo mismo sucede entre el que dice que es suya mi capa y el abogado que me la defiende; pues en caso de mucho favor mi contrario me deja la capa, y el abogado, en camisa.

Visión y visita séptima

Químicos y médicos

Cuasi no me atendía ya el muerto a mi informe; porque luego que reconoció que estábamos en la plazuela de Palacio, fue grande el regocijo que se asomó a su pálido semblante. Tuvimos otra altercación como la pasada sobre si yo había de entrar; pero notando mi resistencia, él se coló a los patios, subió arriba y salió brevemente otra vez. Habló conmigo de ciertas cosas (que no es fácil que yo me acuerde de todo lo soñado); y prosiguiendo su conversación y algunas preguntillas, le dije:

—Amigo, yo no entiendo de eso. Tú vienes a reconocer los entresijos de la Corte. Sea en hora buena, y regístrala bendito de Dios. Vivo y muerto, eres y fuiste más avisado que yo; y una vez que tocas estas materias, no necesitas mi comento para su inteligencia. Ni yo tampoco he menester que tú me digas nada, pues vivo en Madrid y trato gentes, y me paseo ocioso.

Iba a responder Quevedo, y le cortó las razones un estudiante lanza que vimos hacia San Gil, cuya catadura, aunque vista de lejos, borrón más o menos, era así. Envasado en una sotana mínima, cosido contra un manteo cartujo, ermitaño de mangas, yermo de medias y desolado de zapatos vimos en la dicha calle, ya tomando la esquina de San Juan el dicho colega, más sorbido que la quina y más largo que cura de buboso; hombre soga, ayuno de mofletes; dos astas de paleto por quijadas; los ojos caninos, y aupándose por las cejas a roerse las comisuras del celebro; las narices y los mocos colgando, desmayadas de necesidad sobre los bezos y roídas de dos sabañones franceses, que tenían aposentados en las ventanas. Era un verdadero país de la hambre y copia viva del ayuno, porque predicaba carencias por todas sus coyunturas.

—Éste —le dije a Quevedo— es el espectáculo más risible y más despreciable que hemos visto en toda la carrera de nuestras visitas. Repara en aquel vadesécum, hermafrodita de cartera y bolsón; pues en él vienen liadas las ejecutorias de sus embustes en varias recetas de hacer oro y plata. Éste es alquemista y quimista, embustero de oficio. Y aunque ahora le ves tan arrastrado, presto le arrastrará un coche; porque desengañado de que no se despachan los polvos aurífugos, ha dado principio a remendar saludes y ha derramado algunas hierbas, y va acreditándose de médico nordeste. Aquella mala catadura y estudioso desaliño también es negociación; porque así lleva la borla de misterioso, y va mintiendo y predicando que en aquel interior está el agua de la vida, el pozo de la ciencia y el Jordán de las vidas.

—¿Tan apreciada está el arte médica —me preguntó don Francisco—, que éste podrá llegar a valer por ella?

—Sí, muerto mío —le respondí—; si como éste echó mano de los emplastos químicos, toma primero los embustes médicos, ya estuviera en el auge de la exaltación, y a los clamores de químico moderno hubiera enfermado medio Madrid de gentes por llamarlo. Y es la causa que en tu siglo no había tantos enfermos; eran más contenidos, menos glotones y más fuertes los cortesanos; respiraban entonces el aire más puro. Hoy todos vivimos achacosos; y somos habituales enfermos, además de la enfermedad de muerte que nos sigue desde el nacer. Oye, unos son enfermos pestilentes, y en este número entramos todos; porque de gálicos y cólicos es general la epidemia. En tu tiempo las bubas desacreditaban a un linaje, y hoy es deshonra no buscarlas. Unos las heredan, otros las hurtan, y los demás las compran. El cólico es ya quinta cualidad en nuestra naturaleza, siendo indubitable que en tu tiempo ignoraron los médicos este achaque. Otros enferman de estudio y negociación, por afectar cansancios y mentir tareas. Éstos son los covachuelistas, contadores, ministros y algunos frailes. Otros, y éstos son los más locos e incurables, enferman porque viene la primavera y el otoño: se echan a la cama, llaman al médico, y se curan de las providencias de Dios. Locos, si Dios ha dispuesto este temporal oportuno para el aumento de todo viviente, ¿por qué creéis que a los hombres nos dejó en esas estaciones sin más remedio que las manos del físico? La primavera viene a dar vida; reconócelo en las plantas y en los brutos, ya que a ti te ignoras tanto. Otros, y éstos son los más señores y todos los que lo quieren parecer, enferman de deudas; y por no pagar sus trampas se huyen, fingiendo una melancolía, a una aldea, y desde allí hacen el coco a los acreedores. Y las damas malean de melindre, y se dejan romper las venas por quitarse un poco de más color que se les asomó a las mejillas. A todo este linaje de enfermos los curan los médicos sangrándolos bien de todas partes. A los más los echan del mundo y a otros de sí; y los remiten a los aires de Pinto, Leganés y Barajas. Y todas estas villas que rodean la Corte hierven en crónicos necios y enfermos mentecatos. El Arnedillo, el Sacedón, el Trillo, Fuente del Toro y Ledesma es el Ceuta y el Peñón de los desahuciados, en donde pagan en el presidio de sus minerales las inobediencias de la botica. Nuestros antojos y desórdenes han encaramado a la medicina donde no pueden alcanzar ni los que la profesan; y así no hay en el mundo animales más hinchados con el viento de su ciencia que estos albañiles de la salud, siendo así que dan la muerte con un soplo de su misma ventolera, y son saludadores al revés; porque si éstos traen la cruz delante que dan a besar a los que soplan, detrás de estos otros viene la cruz con que entierran a los que matan. Y viven tan tullidos de razón y tan chatos de inteligencia los cortesanos, que les dan sus joyas, sus vestidos y sus coches porque les desmoronen la vitalidad. No hablo de la discreta filosofía de lo teórico; que ésta es buena o es mala, y yo no entiendo de eso. Lo que noto y aborrezco es su práctica; y en ésta no me puedo engañar, pues me desmintieran los ojos. En sus juntas sucede que uno vota purga, otro sangría, y otro cordial; y en el concurso de estos nebulones sale una sentencia que regularmente es de muerte, y en su tribunal logra el enfermo ver puesta en disputa su vida, que es lo mismo que hacienda puesta en pleito. La cuestión de los que concurren es de tormento para la cabeza del que yace, dándole de contado un dolor capital y de promedio una pena como el dolor, en castigo de la necedad que cometió el enfermo en llamarlos para guardar la vida; que es contrabando a los guardas de millones que para celar su renta ha puesto en el mundo la muerte.

—¿Y tú no los llamas? —me dijo Quevedo.

Y le respondí:

—Aunque me ha dado la fortuna muchas coces, y ya ha empezado a descuadernarse el libro de la vida, nunca he querido llamar al diablo, porque solo con el pensamiento se me chamusca la melena, y todo me hiede a azufre; ni tampoco al médico, porque luego que lo imagino, empiezo a horrorizarme, y me huele el cuerpo a cera y la camisa a cerote. Para morirme no he menester a ninguno; y aunque nunca me he muerto, lo juzgo por cosa fácil. Y si acaso los hubiera de llamar a los esfuerzos del uso o instancias de la necia piedad, nunca permitiera a muchos; sino a uno, y que fuese cualquiera, porque cualquiera de ellos es cualquiera.

Visión y visita octava

Los comadrones

Así venía yo conversando con mi compañero difunto, atravesando la calle de Jacometrenzo con intención de encaminar nuestros pasos a la de Foncarral para hacer una larga visita en el Hospicio. Y en dicha calle casi nos hubo de atropellar un coche en que venían embutidos dos o tres físicos de inglés (que la velocidad del movimiento me perturbó el número); y apenas los vi, exclamé diciendo:

—¡Dios te dé buena hora, pobrecita, seas quien fueres! Su piedad te libre de las manotadas de esos osos, de los arrepelones de esos tigres y de las hocicadas de esos marranos.

—¿En qué angustia consideras al prójimo —dijo Quevedo—, por cuya libertad así gritas al cielo? ¿Es la pestilencia esa gente que has visto? ¿Es la ira de la tempestad, o el espíritu de la fornicación?

—Cuasi lo mismo —le respondí—; porque ésos que van arrastrados de aquel coche son vendimiadores de vientres, pasteleros de úteros, segadores de menstruos, hurones de pocilgas humanas y buzos de orines, que empujando vaginas y haciendo allá a las tubas falopianas, entran a chapuzo por los que se anegan en la profundidad de los riñones.

—No te entiendo —dijo don Francisco.

—Pues son —le volví a decir— rateros de la herramienta del parir, que han hurtado a las comadres sus trebejos y se han alzado con su oficio; que esta facultad en la Corte es hermafrodita, porque tiene ya macho y hembra. Ya con las licencias de un sexo y el desenfado del otro se entran por todas partes. Gente tan sucia y tan idiota, que no saben cuántas son cinco, ni tres, ni aun uno, porque no entienden de nones; que toda su aritmética es con las pares. Últimamente, éstos son sacaniños como sacamuelas.

—¿Qué dices? ¿Otro hombre, no siendo el que la Iglesia le elige, llega a tocar la más escondida y delicada preciosidad de las bellezas españolas? —dijo Quevedo, y prosiguió, santiguándose—. Pues ¿qué se hizo aquel rubor que salpicaba de corales sus mejillas a la más leve insinuación de un cortesano rendimiento? ¿Yace tan pálido, que no bermejea a los golpes de tan asqueroso desacato? ¿Dónde se huyó aquel melindre, aquel asco a la libertad, que aun la decente satisfacción les amargaba en el oído? Y, en fin, ¿en dónde para aquella entereza cristiana, aquel valor contra su mismo natural, que antes se determinaban a morir que a desenvolverse? Y en ellos, ¿qué se hizo aquel cuidado, celo y veneración a sus esposas, a quien celaban de sus permisiones? Yo no puedo creer que sean tan insolentes los cortesanos. ¡Éstos, que vivían ofendidos de la más remota sospecha, mortificados de su propria imaginación y cautelosos del más ausente deseo! ¡Éstos, que en casándose querían represar los inseparables progresos del apetito común y se acatarraban a un soplo de la general concupiscencia! ¡Éstos, que por añadir un triunfo al templo del recato despreciaban las vidas y los bienes! ¡Éstos han parado en entregar sus compañeras al indecente informe de esos bárbaros!

—Sí, señor —le respondí—. Todo el noli me tangere de esos caballeros vive hoy manoseado de esos mullidores de barrigas, albañiles de medio cuerpo abajo, que trastejan a toda broza; pues en las partes más defendidas de la imaginación han hecho pasadizo para todas las tentaciones; y de aquellas tablas nunca holladas del deseo, han formado solar a los sucios zancajos de sus pulgares. Desde que yo vi que los peones de cirugía encaramaron sus verduguillos al vello de su hermosura, y desde que los españoles se deslanaron el bigote, conjeturé en lo que había de parar este desuello. Conque para mí, señor don Francisco, es solo calificación lo que para ti novedad e ignorancia.

—No extraño —dijo el sabio muerto— que con la capa del estilo, adorno del uso y traje de la política, se haya inficionado la Corte de estas y otras pestes; porque la corrupción de la edad, el paso frecuente a las naciones y el trato con las sectas trabucan y barajan los usos y costumbres provinciales, nos llevan unas y nos dejan otras, y los vicios y virtudes continuamente viven peregrinas por el mundo. Y con especialidad, los españoles siempre fueron los micos de la especie: todo lo quieren imitar, viven con los ojos antojadizos y los gustos avarientos; y sin consultar a la razón, enamorados de las superficies, califican de mejorías las extravagancias. Lo que más siento es que vivan tan necios los maridos, que crean que sin los remos de estos hombres no puedan desembarcar sus mujeres; cuando desde que fletó para España la especie humana los primeros fardos de la racionalidad, llegaron al puerto de otra mujer. Adiós, que no quiero ver más Corte, habiendo tocado tan notable extravío de la pureza.

—Muy somero tienes el enojo, habiendo cuasi noventa años que estás muerto. No te vayas, que aún te falta mucho que admirar. Y pues has venido a ver esta bola del mundo, ten paciencia y déjala rodar; que en marchando yo a tu esfera, si acaso voy al mismo lugar, verás cómo lo dejo correr. Por esta calle arriba hemos de subir a la de Foncarral, en cuyo extremo has de ver lo que en tu tiempo se empezó y el auge en que vive su providencia.

Llegamos a la gran casa de los pobres del Ave María, y le dije a mi discreto difunto lo que verá el que quisiere leer.

Visión y visita novena

Los pobres del hospicio

—Éste es el Hospicio de los desahuciados de la suerte, de los incurables de la fortuna. Aquí recoge la providencia política y cristiana a los que hieden en cualquier parte, adonde los arrastra la necesidad de detener la vida con el sustento cotidiano. Entremos, y verás lo que se agregó después de tu siglo.

Llegamos a la puerta, y el portero tenía cara de haber almorzado ajenjos y vinagre. Gruñónos un poco al entrar; y ya en la casa vimos a un hombre machucado a mojicones de los días, engullido en un saco hasta la nuez. La frente, trepando por el testuz, no le paraba hasta derramársele desde el cerro vertical a las honduras del colodrillo, sin un matorral de pelos en el campo de su chola; un culo de bacía por casco, dos aventadores por orejas, que parecían asas; descabalado de ojos, hombre aguja con un testigo de vista solamente; tan mocoso, que acudía a sonarle la pringue por momentos; agachado de narices, calvo de dentadura, lujurioso de barbas, más largo que colación de rico, más chupado que un caramelo; y tan sutil y angosto, que parecía hilado.

—Éste —le dije a Quevedo— es uno de los pobres que habitan esta casa, a quien la novedad puso a la cola de la fortuna. Éste enseñó mucho tiempo a formar silogismos de compases para concluir cualquiera a su contrario, de aquéllos que verías muchas veces reducirse a Ferio. Éste era dialéctico de idas, catedrático de tajos, doctor de reveses (como los son algunos en derechos), preceptor de mandobles y maestro de descalabrarse. A éste, una vez que estaba batallando con un discípulo de su misma escuela, se le entró el botón por uno de los ojales de la cara; crió el cuervo, y sacóle un ojo. Después de algunos días prosiguió dando lecciones para aporrearse los cascos, hasta que se aburrieron totalmente las espadas y se empezaron a colgar de la cinta dijes con contera, mondadientes con puño y alfileres con vaina. Hiciéronse armas comunes las apoplejías de plomo, los cólicos de munición, los médicos de horqueta, los aforismos de Albacete. Conque al pobre diablo se le acabó este medio de proseguir la vida; y después de haber enfadado al mundo con su misma necesidad, paró en este Hospicio que llaman de los pobres.

−¡Válgame Dios! −acudió Quevedo−. ¡Que se arrimaron las espadas en Castilla, que después de ser adorno eran defensa!

−Sí, discreto mío −le respondí−; ya ha muchos años que en Castilla se usa más de las copas.

Pasamos adelante, adonde vimos una mujer marchita de pellejo, aceda de rostro y leona de catadura. Cubríase de una almilla de terciopelo de albarda y de un brial tan verde como los que se dio en el prado quien lo traía. Al punto que la miró Quevedo, me preguntó:

−¿Qué, también se recogen mujeres en esta casa?

−Sí −le dije−; aquí verás pobres, pobras y pobretas; gorronas de puchero en cinta, de las que se arriendan en la Cortes para rascar sarnosos de Venus y desahogar lujurias valonas por un zoquete de pan de munición y un par de coces. A éstas no las prenden por gorronas, sino por infelices. En la Puerta del Sol y por todas las calles de Madrid hay innumerables de su mercancía, mas no de su fortuna, que andan a su albedrío encordando ingles como guitarras. Por esta que ves se habrán dado más unciones, que por todos los guapos de la Macarena y todos los Ponces de la medicina.

−Vamos de aquí −dijo Quevedo.

Y a pocos pasos descubrimos uno muy arremangado de toga, con unos calzones charlatanes, que nos iban parlando poco a poco la carnadura de los muslos. A mí me pareció que quería el buen colegial vaciar todo el cuerpo por la bragueta.

−Éste −dije a Quevedo− buscaba el comer a fabricar los cepos del traje que ya pudre, las golillas digo. Tuvo cuatro reales en aquel tiempo; echóse este uso al desván de las antiguallas, conque se quedó el pobre capón de oficio y rapado de tienda.

Aquí acudió Quevedo, y me dijo:

−¿Es posible que se acabó aquel traje tan proprio de la gravedad española?

−Sí −le respondí−; y de tal manera, que para representar a Judas muy ridículo el Jueves Santo le cuelgan en algunas partes vestido de golilla.

Ya tratamos de salir cuando encontramos con otro colegial. Era éste muy conciso de cuerpo, muy lacónico de estatura, súmula de hombre y parva materia de la humanidad; hambriento de cara, tan menudo de facciones, que casi las tenía en polvos; cabeza de títere, pelo de cofre, angustiado de frente, dos chispas por ojos, una verruga por nariz y tan sumido de boca, que me pareció sorberse los labios; él, en fin, era hombre con raza de mico.

—Este chisgarabís —dije a Quevedo— daba lecciones de saltar, era maestro de música de movimientos, director de pavanas y solista de cabriolas. Éste, después que se tomaron de orín los bailes que se usaban en tu edad, caduco de hambre, se arrimó a las muletas del Hospicio.

—¿También esa alteración? —preguntó Quevedo.

—Sí, sabio —le respondí—. Ahora se usan otras danzas, que son sementeras del cabronismo. Si Dios me da vida para acompañarte, ya lo veremos; que disculparás entonces esta desenfadada locución, porque son unos bailes, especialmente en las damas, más afectuosos y más blandos que sus lágrimas y tan espirituosos, que resucitan la más difunta concupiscencia. Aquí ya no hay cosa digna de ver. Solo por esas piezas adelante se están acabando de podrir otro millón de viejos vecinos a la mortaja; cojos, mancos y tullidos, partes iguales; y los más con el sayo de difuntos, a quienes más que la Providencia los ha conducido la muerte, apartándolos de la carrera de la vida para que no le estorben la veloz tarea de segar las locas cervices que presumen de robustas. Y ahí se enmohecen hacinados por esos rincones, sin hacer memoria de ellos la misma Parca que los condujo.

—Gracias a Dios todopoderoso, que he visto algún humo de piedad cristiana en esta Corte. Fundación católicamente política es ésta, en donde a los ociosos se les da ejercicio, a los pobres socorro, a los postrados asistencia, y a todo desvalido universal consuelo. Poderosa discreción ha sido burlar los estragos a la necesidad, sus fuerzas al abatimiento, y sus enojos a la fortuna. Hospital, oratorio, oficina, palacio y recolección de todo desamparado es éste, según tu informe y mi visita.

—Sí, Quevedo —le dije—; aquí vive resguardada la especie de miserables en la tierra. Unos se han venido, y a los más los han aprisionado; y de este modo consiguió el astuto desvelo del sabio recaudador limpiar la Corte de vagabundos finos y falsos, de pobres mentirosos y verdaderos, y de enfermos buenos y malos. Y debe creer vuesa merced que a los principios que se empezó a llenar de hombres esta habitación, vimos prácticamente cuanta idea de maldades nos pintó vuesa merced embozada en sus burlas, en la

Vida del Gran Tacaño. Pobre hubo, señor don Francisco, que descalabraba con alaridos las orejas, aullando entre rabia y laceria el ¿No hay para este pobre, imagen de Cristo, algún socorro? Así Dios los libre de testigos falsos, etc. Y cuando llegó el lance de recogerlo, le encontraron acolchonado el capote de pesos mexicanos. Otro, dejándose cargar como tullido, gritón a la puerta de un templo, desmoronándole la esquina, y aceptaba más letras que el genovés más ambicioso. Y otros que, haciendo a la noche alcahueta de sus embustes, de día comerciaban en tratos de tan copiosa ganancia, que podían hombrear con el más grueso mercader. A muchos atrapó la justicia; y los más, cuando vieron tan desvelada la providencia, se desnudaron de lo pobre, y ya parecieron con traje mas acomodado y menos falaz. Tal era la abundancia de estos insolentes mendigos y falsos pordioseros que vendían y empeñaban la palabra de Dios y de su Madre, que las más de las piedras de esta santa casa se colocaron con los ocultos caudales que los cogieron. Argumento de esta verdad fue la violencia con que los arrastraron, y la pesadumbre con que hoy se mantienen; pues, si verdaderamente fueran pobres, ¿qué más podían lograr, que encontrarse ricos de la noche a la mañana, con casa puesta, doctor comido, barbero pagado, mesa y cama a todo trapo, sin rodar calles, aporrear puertas ni exponerse a los empellones y ceños con que regularmente recibe el más humilde los andrajos? Y hay infinitos en esta mansión de los malvados y manidos, que se dejaran cortar los brazos y vaciar los ojos por volver a la asquerosa fatiga de pobretones.

—No lo dudo —me dijo Quevedo—; que la pobreza voluntaria es el amancebamiento más rebelde que puede hallarse en las pasiones. En mi siglo, se podían barrer los truhanes que vivían dados a esta raza de pereza. Ésta es la más sospechosa gente de las repúblicas; pues regularmente los mendigos de día son ladrones de noche. Vamos, y vuelvo a decir que es la más cristiana y la más ingeniosa incentiva que puede darse en pueblo católico esta fundación.

Cuasi tocábamos el umbral de la segunda puerta, que hace frente a la calle, cuando nos arrebató con la vista la curiosidad de un viejo que estaba asentado en un poyo, ya tan torcido de estatura, que la cabeza hombreaba con los ijares; con una corcova piramidal más aguda que sombrero de maragato o caperuza de disciplinante, con los cascos más lucios que huevo de avestruz y tan calvo, que solo se le brujuleaban cuatro pelos envergonzantes a raíz del colodrillo, que le servían de bigoteras a los tolanos; podrido de quijadas, mohoso de bezos, moribundo de facciones y tan difunto de semblante, que estaba amenazando el día dos de noviembre.

—Éste —le dije a Quevedo— más parece de tu mundo que del mío. Tú entenderás el idioma de los finados; arrímate a él, y en lengua de alma pregúntale quién es o qué quiere.

Llegó Quevedo, y habiéndolo saludado e inquirido quién fue en el mundo, el que estaba ya cuasi a las once de la noche de la vida, empujando las voces desde el estómago para que rompiesen una valla de flemas que le habían tapiado la boca y goteando las palabras, dijo:

—Yo, señores, en el tiempo que se morían los hombres honrados con más vanidad, fui ayudante de lágrimas, despertador de sollozos, recuerdo de calaveras y silencioso predicador de muertes futuras; pues con la muda plática de un paño negro parlaba a los ojos lo infalible de la eternidad, movía la lástima y despertaba los letargos de la distracción, y recordaba el Juicio Final. Dieron los vivientes en sisar a los derechos parroquiales y redondearse de funeral. Muchos, discurriendo engañados que son moneda corriente para el purgatorio los bienes mundanos y con la falsa humildad de ahorro de pompas, se mandaron enterrar a oscuras entre gallos y media noche, conque cayeron del todo los alquileres de mis lutos. Comí la tercera parte de mis bayetas, y el resto se acomodó en bragas, ropillas y zapatos; y me he venido a acabar de morir a este santo Hospicio.

—¿Este buen viejo chochea? —me preguntó Quevedo, y prosiguió—: Pues ¿qué? ¿Han cesado aquellos clamores de la campana que avisan lo mortal a los vivientes y con su lengua piden a gritos al concurso católico oraciones y ruegos para que perdone la Majestad divina los defectos de las almas cristianas? ¿Tan poco devotos son los muertos de este siglo, que mandan arrogarse a los sepulcros sin solicitar con la presencia de sus cadáveres las oraciones de los que se quedan?

—No es tanto como dice ese viejo —respondí yo a don Francisco—. Es verdad que la locura de algunas gentes ha dejado en los huesos la pompa funeral. Ya no hay aquellos bribones alquilados, enjutos de ojos, que solo servían de hacer risibles las calaveras y ridículos los entierros; ya no viven a oscuras ni en boca de noche las viudedades, ni hay aquellos ritos cuasi bárbaros de tu siglo. Ya se pasan los muertos sin llorones; hoy los atraviesan en un coche, y sin más compañía que un pisador de huesos, un par de arrieros de difuntos y un solfista de tumbas, los remiten a la parroquia; y al amanecer o entre las dos luces de la tarde les regañan una vigilia, y los desaparecen en un momento. Y así se entierran los que pasaron plaza de honrados en el mundo. La gente superior, como son los señores, hacen lo que se les antoja, como si fueran vivientes; y los oficiales y personas pobres, que no conocieron en vida a la verdad, se mandan clamorear, disponen su entierro con cristiana reflexión, visten sus esqueletos con el sagrado sayal de San Francisco, y se colocan en donde puedan ser vistos y encomendados; con el devoto acompañamiento de ministros eclesiásticos son conducidos a los templos, y van mudamente predicando a cada viviente su paradero y su fin.

Así iba yo informando al discreto difunto. Caminando divertidos y sin haber vuelto a hacer memoria del lutero, nos hallamos en la mitad de la calle de Foncarral; y parlándole yo lo que no quiero decir ahora, llegamos a la calle de los Peligros, pasada ya la de Alcalá, y al entrar en la del Príncipe, nos arrastró los ojos la siguiente figura.

Visión y visita décima

Los petimetres y lindos

Con su maleta de tafetán a las ancas del pescuezo, venía por este camino un mozo puta, amolado en hembra, lamido de gambas, muy bruñidas las enaguas de las manos; más soplado que orejas de juez, más limpio que bolsa de poeta, más almidonado que roquete de sacristán de monjas y más enharinado que rata de molino; hambriento de bigotes, estofado de barbas, echados en almíbar los mofletes; tan ahorcado del corbatín, que se le asomaba el bazo a la vista, imprimiendo un costurón tan bermejo en los párpados, que los ojos parecían siesos. Era, en fin, un monicaco de éstos que crían en la Corte como perros finos con un bizcocho y una almendra repartido en tres comidas. Venía, pues, columpiándose sobre los pulgares como danzarín de maroma, con sus vaivenes de borracho, ofendiendo las narices de cuantos le encontraban con sus untos, aceites e inciensos. Paróse enfrente de un balcón, y mi discreto difunto se quedó también observándolo. Dio el tal don Líquido dos palmaditas a las guedejas cabrías de su peluca; sacó un reloj de pinganillos, con que se venía aporreando la ingle derecha, y luego la caja del tabaco (y si hubiera tenido más cerca la cuchara, escarbadientes y el tenedor, también hubiera salido a plaza); y tomó un polvo soplado cinco o seis veces. Y con una dama que se asomó a sus hierros, se quebró y requebró nuevamente. Hubo aquello de Los parienticos están que besan a vuesa merced los pies y Las señoras lo estimarán mucho; y por despedida, la general de las señoras de la Corte a todo celibato, el Adiós, hijo mío; y marchó el salvaje por la calle arriba, apestando consideraciones con la vanidad que iba vertiendo de bien criado y de hermoso.

—Dime, Torres —dijo mi difunto—, ¿qué mozo es éste y otros mil vagabundos que he visto rodar por esa Corte?

—A éstos —respondí yo— los crían sus padres para secretarios del Rey, y vienen a parar en veredores de tabaco con dos reales y medio el día de pre. Éstos gastan tocador y aceite de sucino porque padecen males de madre; gastan polvos, lazos, lunares y brazaletes, y todos los disimulados afeites de una dama. Son machos, desnudos; y hembras, vestidos. Malogran los años y el alma en estas insolentes ocupaciones; y el oficio que ves es el empleo de su vida, porque acusan como infame el trabajo y el retiro. Viven haciendo votos a la lujuria y promesas a la fornicación; y después de bien bañados en la desenvoltura que has visto en este mentecato, marchan por las calles de la Corte a chamuscar doncellas y encender casadas. Su paradero es la lonja de San Sebastián y el atrio de la Victoria, en donde a una misma hora encuentras otros de su calibre; y aquellos reverentes sitios dedicados al culto divino los hacen bodegón de insolencias, tiendas del descrédito y campo de maldades. Hacen a los hombres del tamaño de sus estaturas, y se llaman Periquitos, Manuelitos, Frasquitos; y el que tiene el apellido acomodado para sisarle letras, le nombran también con esta rebaja. El Gobierno, el Estado, la política ni la ética, que son los estudios y parolas útiles para instruir en virtudes morales a un joven bien nacido, ni las saludan siquiera. Sus conversaciones empiezan en las señoras, median en las mujeres y acaban con las hembras. Y esto, ¿cómo? Señor don Francisco, segándoles la honra y haciéndolas tan fáciles de coger, que cada uno de los que oyen ya las cuentan triunfos de sus antojos. Ésta es la vida de estos simples por la mañana; retíranse a sus cuartos, y vuelve esta tarea a la tarde; y al anochecer los recogen sus madres porque no los hechicen o no los acatarre el sereno. Los días de fiesta los dan un real de plata para que jueguen con sus primas y se diviertan con los señoritos de la señora doña Fulana; y pasa de los treinta años un barbolo de éstos, y los descalza, los espulga y los arropa la criada. Y no te digo más por no emporcarte los oídos.

—No tanto, pero mucho de lo que me has contado de ese joven pasaba en mi siglo con los que nacían de padres medianamente acomodados. El que mejor dirigía la crianza de su hijo, era buscándole un maestro de danzar para quitarle la torpeza de los miembros y arreglándole a pisar con arte el suelo de un estrado. A tal cual aleccionaban en la música, a otros en saber domar a un bruto; que todas son bellísimas gracias para después de bien instruidos en el temor de Dios y en la vida cristiana, que ésta se debe anteponer a la política, para después de haber asegurado un ejercicio que haga felices los años con las tareas.

—Pues oye, muerto mío —le dije—; ni aun de esas habilidades se adornan, sí solo de la viciosa afeminada compostura que has visto. Y así, luego que mueren los padres, vienen a sumirse en el podridero de los truhanes;

y abunda tanto la Corte de estos perdularios, que no hay esquina que no esté apuntalada de perdidos. Y porque me creas, mira hacia aquella calle del Príncipe el envoltorio de retales vivientes que asoma por ella.

Llegaban a este tiempo seis o siete trapones tan llenos de andrajos, que cada uno parecía la calle de la Sal. Uno venía pariendo un tarazón de camisa con sus pinceladas de chafaina descomida, más sucio y más hediondo que cocina frailesca en tiempo de capítulo. Otro llevaba como grillos los zapatos, ahorcados de la garganta del pie; y pendientes de la bragadura más farrapos que le cuelgan a la gaita de un gallego. Otro traía arrebañados los calzones porque se le huyó la abujeta; otro, tan humilde de casaca, que venía besando el santo suelo con los cuadriles; los más, con los sombreros machucados de copas, sorbidos de candiles, y no por eso faltos de aceite; a otros les sonaban los trebejos de los espadines como sonajas de lazarillo de gaitero. Todos y cada uno era un molino de trapos, un almacén de grasa, un refectorio de piojos y un de profundis de lacería. Era, pues, un enjambre de la bribia, cortesanos monteses que andan a ojeo de boquirrubios y a montería de reales, petardistas graduados en la universidad de la perdición y términos medios entre trampa y limosna.

—Éstas son, Quevedo mío —proseguí yo—, las consecuencias de aquel antecedente; éstos son los lindos desnudos; éstos fueron como aquel mozo, pulidos y aseados; y los más gastaron coche, y hoy ruedan en cochambre. El paradero de aquella crianza es la presente infelicidad; todos éstos han corrido ya las caravanas de los desesperados y la pelota de los inútiles, y en todas partes han apestado con la corrupción de sus costumbres. Unos han sido arrendadores de sal, otros tabaqueros, otros criados de silla de señoras, oficiales de estafeta, alguaciles mayores y comisionistas, que son las prebendas de ociosos y ejercicios de holgazán tunante que se pone a lo que saliere; y como habían criado callos los miembros con la pereza y la mala crianza, jamás pudo ni la necesidad ni el trabajo domar las rebeldías de su mal aleccionada juventud. Para un poco —dije a Quevedo—, y deja que llegue aquel remiendo que se ha descosido del sartal.

Paramos, y vimos que se acercó a hablarnos, debajo de un sombrero cornudo vez y media, un perillán arremangado de hocicos y tan abierto de boceras, que pareció que había puesto a parir la dentadura, hermana del bigote; obtuso de quijadas como calavera de gato, con dos dientes paralelos a la nariz, algo mayores que dos ajos lígrimos, jurándolas de mordiscones a cuantos miraba; sediento de camisa, hambreón de bragas, ocultando con el rebozo de un capote de barragán ataraceado del tiempo la carnadura de los costados, que le asomaba por los cuarterones del jubón. Llegó a hablarme con acento entre moribundo y necesitado; y quitándome las motas del vestido, me dijo que nunca me había encontrado más grueso ni de mejor color (siendo la verdad que toda mi vida me he conocido más enjuto que cecina de mono y más gualda que el diaquilón gomado); pidióme para comer aquel día, dile lo que pude, y se fue, dejándome dos remedios para la destilación.

—Rara figura de hombre —dijo el difunto amigo—, y extraña carrera de vida. Más suave es tirar de una pareja que decir déme un real, présteme un ochavo. Infeliz sujeto, y sujeto a tantos, que ha querido su mala dirección poner su comida en las manos ajenas, hediendo a todos, enojando y avergonzando a su misma estructura, capaz de empleos más cristianos, más socorridos, más acomodados y menos enfadosos.

—Advierte —le dije a Quevedo— que éste es una fiel copia del paradero de los almidonados. Aquél que vimos (de quien te hice mención entre los andrajosos) más estirado que pescuezo de ladrón en la horca, a pocos meses vendrá a ser otro dechado de la necesidad, porque los más vienen a sumirse en el escotillón de esta desventura. Oye, que brevemente te informaré de lo que sucede a los que crían en esta malvada escuela de la ociosidad.

»Engañan con aquellos aparatos de adorno y de riqueza a una familia en donde se está criando devotamente una señora joven. O ya porque se visitan los padres de unos y otros, o por otro honesto motivo, se introduce el zamarro del don Lindo; y afectando modestias a la madre y mintiendo suspiros a la hija, que esto se consigue con dos afectos de Calderón que los traen en la faltriquera como pistolas, alcanzan parecer bien a la una y a la otra. Los casan los padres, o se casan ellos. Descúbrese a pocos días su pobre talento y su poco caudal; hállanse aburridos los suegros; y el bribón, aunque descontento en el pupilaje, come y calla, y recibe con ceño los arrullos de su mujer hasta que se mueren los que le ponían la mesa. Queda entonces señor de sí y de su mujer, y en cortos días la destruye a ella, come lo heredado y divierte la dote; porque luego que se ve con dinero, va pagando los votos que había hecho a la lascivia, da fin a todo, y empieza el salvaje inútil a idear pretensiones, y la inocente esposa a decir que su marido tiene poca fortuna; y obligado de la hambre se mete por la primera rotura que le abren los empeños. Regularmente sale de la Corte; hállase impaciente sin la comedia, el paseo, la botillería y el chocolate en la casa del vecino, y mal con el trabajo; maldice a su mujer y la castiga; se aburre con sus consideraciones y, entre desesperado e iracundo, hace una trampa y se vuelve a Madrid a criar piojos y a vivir rasgado y sucio. Conciértase con la desvergüenza y se casa con el desuello, y sale a buscar piadosos y tiernos de corazón. Conoce a todos por sus motes y apellidos, sabe mejor que yo las fiestas del calendario, y con esta receta rueda por la Corte, dando días y enhorabuenas de años a todo yente y viniente; y en esta carrera deja la vida en un hospicio o en un zaguán. Hállase precisado el arrullador de tumbas a gorjearlo de balde, y la parroquia a recibirlo de mogollón; y son gorras en la vida y en la muerte. Y habiendo visto uno de éstos, tienes repasados a los demás de esta calaña gorrona y alcurnia desvergonzada.

—Si no me lo dijeras tú, que te contemplo hombre práctico y verdadero —exclamó don Francisco—, no creyera que podían ser tan rudas y tan cerriles las almas de estas gentes; pues el más apartado de la racionalidad sabe presumir el miserable progreso de su vida y el ceño de las adversidades, y se previene en los primeros años para la elección de un estado católico y menos infeliz. Te aseguro que está más escandalosa la Corte que en el tiempo que yo (por la misericordia de Dios) la desfruté.

Muchas imágenes parecidas a éste, pero no tantas ni en tan rudo lienzo, había en mi tiempo. Yo escuchaba las quejas de su fortuna, pero escondían las perezas de su desorden. Nunca creí en desafortunados, que este nombre se equivoca con la poltronería y la huelga. No hay fortuna, por loca que sea, que se arroje a maltratar una vida arreglada. En la primavera de su salud, para comer y vestir, todos pueden ganar, y con esto ninguno es pobre ni miserable. Si no lo consigue, es porque se le estorban sus vicios, no la desdicha, la suerte ni la fortuna; que éstos son espantajos contra la Cristiandad. Dios, que se lo da a la hormiga, también se lo dará al hombre; y más, trabajándolo. ¡Válgate Dios por mundo! ¡Cada día te llevan las locuras de tus moradores más violento al fin! ¡Mientras más vida, menos conocimiento!

¡Mientras más desengaños, menos enmienda! ¡Y a más avisos, más incons-
tancias! Vamos, Torres, y guía donde sea tu voluntad.

Visión y visita undécima

Corral de comedias, poetas líricos, cómicos y representantes

Solo el que sea práctico en los sueños podrá creer y pintar la viveza de los colores y la grandeza de los bultos con que sabe el docto natural de las especies iluminar la oficina del celebro para persuadir como verdades las aéreas impresiones, que no tienen más esencia que ser un vapor, a veces tan maligno, que burlándose del alma ofende la vitalidad con lo mismo que escogió la naturaleza para su conservación. Con tanta eficacia me engañó el sueño, que jurara que vi la calle del Príncipe y en ella a aquel don Líquido y la infeliz tropa de andrajosos, y que yo proseguí hablando con Quevedo. Y me ha quedado en las orejas tan colgado el metal de su voz, que cuasi me parece que si oyera diferentes acentos, dijera cuál era el más parecido al que yo aún estoy oyendo de mi difunto. Díjele, pues:

—Ya que estamos en esta calle tan próxima a los patios de comedias, entraremos en uno; que aunque es temprano, no nos faltará en que estar divertidos.

Pagué por los dos a la puerta, pues para mi aprehensión Quevedo era tan de bulto como yo. Pero volvióme el cobrador la mitad, en que conocí ser cierta para los otros su invisibilidad y la buena conciencia de aquella gente. Señoreóse del patio don Francisco; y volviéndose a mí, dijo:

—Solo esta república he notado sin mudanza. Basta que sea viciosa para que se fije en las permanencias de la duración. Ésta es la misma plaza en donde se corrieron las obras de Lope, se silbaron los partos de Montalbán y se torearon los abortos de los grandes ingenios que florecieron en mi era. Y considero anegado también este tiempo.

—Mal consideras —le dije a Quevedo—, porque eso de poetas grandes no es fruta de este siglo. En lo lírico se ha perdido ya la elegante cultura y hermosa locución de Góngora. Las festivas pimientas y tus abundantes salinas, cuando igualmente vestías la pluma de mojarrilla y de toga, ya no hay quien las guste; que el vulgo de hoy es muy asno y se alimenta de cardos embutidos de espinas, y le parecen lechugas. Ni hay quien se caliente a la feliz lumbre del Candamo. Han dado en decir algunos que el delito de la poesía en España fue tener comercio con el desengaño, haber comprado algunas verdades en la tienda de la filosofía moral, transportadas a la Corte; y aunque las aconfitaron los poetas, con todo eso se ofendieron de la amargura, y cayó la poética de los solios. Pasó a tratar con pajes, luego a barrer los zaguanes de los señores, después anduvo de taberna en taberna, y vino a depositar sus huesos en el camero de un hospital.

»Sea ésta o aquélla la causa de su destierro, crea vuesa merced que en este miserable siglo escuchan los menos locos eso de poetas grandes, doncellas honestas y jueces desinteresados como las paradojas de fénix. Ahora no suenan sino es cucos y cigarras, chirreando enfadosamente los oídos de los que escucharon aquellas calandrias y ruiseñores. Toda la armonía de este tiempo es sonajas, pitos de capador y zambombas; en vez de águilas reales, se han vuelto bastardos aguiluchos. Ya no hay quien suba a la cumbre del Parnaso, que es monte de musas y dificultades, y se les hace muy cuesta arriba. Los laureles que antes salían destinados para ceñir las gloriosas sienes de los ingeniosos, coronando sus sudores con los cercos de inmortal lozanía, hoy se contentan con hacer un papel de metemuertos en la comedia de los escabeches, porque ya no hay poetas de corona, sino legos.

»No arden los celebros con las dulces borracheras de Apolo, porque son más frecuentes las inspiraciones de Baco. Los que nacen en este siglo, llegan a las borras de la poesía, unos, aun no estrenadas las potencias del alma, un oso informe por ingenio y una bolsa de mendigo por memoria. Yermos de toda noticia y páramos de toda erudición, sin haber dado pincelada en el lienzo raso del entendimiento, se presumen favorecidos del natural y se predican poetas a nativitate, y ponderan su facilidad con aquello de Los poetas nacen, etc. Grandes son las obras de la naturaleza, pero yo he visto más cojos, ciegos y mancos a nativitate que poetas. Otros se engullen los palotes de la erudición, que son los preceptos de la gramática latina; duermen abrazados con Rengifo, meten en el buche cuatro maulerías del Teatro de los dioses, se aconsejan con calepino de once lenguas y purgan de cuando en cuando un romance con más idiomas que suele sonar en una garita. Éstos escriben castellano mestizo. Otros hay (y de éstos es más larga la generación que la de los cornudos) que descuartizan un poema, o ya tuyo, o ya del Góngora; y hecho trozos, lo meten en su expensa, y poco a poco lo traen al banquete de sus escritos, y pasa para los convidados plaza de gallina que se ha criado en el corral de casa. Y éstos traen poesía postiza como cabellera. Todos éstos se gradúan de poetas líricos en la universidad del vulgo, siendo doctores del claustro un sastre, un zapatero y un albañil. Y cuando más, un boticario, un médico, un abogado y un teólogo dan su parecer, como si fueran las coplas confecciones, enfermedades, casos de conciencia y pleitos.

»De la poesía cómica ya se perdieron los moldes y los oficiales. Las comedias ya no las hacen los poetas, sino es los músicos, hortelanos y carpinteros. Ya nadie bebe de la rica vena del Calderón, manantial perenne de agudezas, cuya rara fluidez dejó suspensos los Terencios y los Plautos, ocasionando lo corriente de sus números el que se controvierta si escribió sus jornadas en prosa sonora o en verso desatado. Ahora se sorbe el cieno en que se revuelcan los renacuajos de este siglo. La cómica vive hoy más abajo de la representación. Toda la casta de poetas villanciqueros que surtían de coplas de Gil y Menga las Navidades y los que escribían jacarandainas para los ciegos, se han arrimado a los cómicos, y se ahogan los pobres en poetas, oyendo continuamente sus rebuznos. Y si no los confundiera la grave y sonora armonía de la música moderna, fuera lo mismo que escuchar los alaridos de la tortura. Pero ya no siente tanto el entendimiento este trato de cuerda con la suspensión que ocasionan las bien heridas cuerdas de lo armónico; descuídase el alma, y se le introducen los halagos forasteros.

—¡Válgame Dios! ¡Cuando parece que se corrige un vicio, se dilata más! —dijo Quevedo, y prosiguió—: ¡Acabáronse con la cultura los afectos blandos que embelesaban los talentos y despertaban la impureza, que persuadían a amar y mentir; y han tomado su lugar los halagüeños entrometidos desvelos de la dulzura música, con que han avivado más a la república de las pasiones! ¿Qué importa que el estilo carezca de lo agudo, si a la armonía le sobra lo penetrante? Todo es malo. Dime, mientras salen las guitarras, ¿qué mujeres son éstas que ocupan la fila de ese sitio que llamáis cazuela?

—Ésa toda es gente honrada —le respondí—. Pocos años ha asistían a esa delantera las que hacían baratillo de la suya.

—¿En qué opinión viven los cómicos? —preguntó otra vez Quevedo.

—En mala —respondí—, porque el vulgo inadvertido no los reconoce más que por las precisiones de su desenfado. Los ve como lo que son otros hombres, no como que ellos son en sí y por sí; y gradúan por la viveza de la representación las acciones del alma, sin advertir que con el arte esfuer-zan muchas veces al natural. Discretamente ocupados viven estos hombres. La universidad más completa del orbe son los teatros. Cuanto han sudado gloriosamente los ingenios más fecundos de la España, tanto tienen ellos en su memoria; y se hallan sabios en toda casta de estudios. El arte de huir los escándalos aquí se enseña; la ciencia de vencer con aire los duelos aquí se practica; la filosofía de conocer voluntades aquí se enseña; la lógica enga-ñosa de los apetitos aquí se desenvuelve; a la retórica falsa del amor aquí se le reconocen sus figuras; la política para privados aquí se demuestra; la humildad al vasallo aquí se le advierte; y, en fin, en este teatro se registran los semblantes al vicio y a la virtud, y prácticamente se hacen visibles los modos de introducirse en las costumbres. En nuestra voluntad está elegir la una y aborrecer lo otro.

»Los cómicos son los catedráticos de esta manifestación, y demuestran a los apetitos los órganos del bien y el mal; imprimen en los corazones lo que sin viveza les da el ingenio de la escritura. Instruidos de esta doctrina y prácticos maestros de esta ciencia, viven más aparejados para ser buenos que los ignorantes que muchas veces los escuchan y los mofan. Sus tareas son porfiadas, su estudio el más riguroso, porque colocan en la memoria las voces, el sentido, las acciones, el sitio desde donde y a quien lo han de decir, sacando a los humores de su natural propensión. Rencores acredita el suave, alegrías el triste, crueldades el piadoso; y nunca usan de su genio, siempre mortificando al natural. Conque así, sabio mío, digo que es injusta la crisi de la necedad maliciosa que suele deslucir sus nombres. La mayor infelicidad del mundo consiste en que es más crítico el más ignorante. Aquél juzga más, que conoce menos. Siempre el vulgo fue arbitrio irracional de todas las cosas; todas las pondera sin peso, las mide sin medida, las nu-mera sin regla. Monstruo de muchas cabezas y sin tener alguna, mira por los anteojos de su aprehensión. Sin conocer las últimas diferencias y sin la proximidad del examen, desde su tiniebla quiere repartir luces; y conociendo las cosas de montón y calificándolas a bulto, desata la lengua para acusar lo inocente y canonizar lo vicioso.

»Dígolo por las cómicas, que son tan desgraciadas, que después de una larga tarea, mayor que la que puede sostener la delicadeza del sexo, no logran buena opinión y viven manchadas de la voz vulgar, sin que este juicio estribe en fundamento alguno. La cultura y adorno en ellas no es reclamo de galanteo, sino condición de su ejercicio. Salen ordinariamente representando una princesa, una reina, en cuyo traje se amargaría la atención más honesta si advirtiese los descuidos caseros, fuera de que más horas suelen aconsejarse con el espejo otras muchas que logran mejor categoría y en su ornato dan a entender el mismo estudio. Ni puede argüirse su liviandad del número de los que las solicitan y buscan para festejarlas. Lo mismo sucede en todas las que son adornadas de la hermosura, sin que por esto las hermosas sean comúnmente livianas. Lo cierto es que Venus es enemiga de las tareas, y que la ociosidad es fecunda madre del vicio.

»Estas mujeres apenas tienen rato de quietud. A todo su tiempo son acreedores los ejercicios de su estudio: en ensayos prolijos gastan la mañana, en atenta representación la tarde y en pesado estudio la noche, mortificando la cabeza y perdiendo la garganta. Conque sin duda están más ociosas que ellas las que van a oírlas. Las municiones de que usan los que las festejan para poner en posesión sus deseos, son menos poderosas contra éstas. No les ocasiona cuidado lo galán, lo cultamente vestido de un mancebo, porque no ven sus ojos otra cosa más sobrada en su compañía. De las raterías del enamorado se burlan. Conceptos más elevados retienen en su memoria y escuchan todos los días. Las riquezas no les hacen ruido. Ninguna rompe más flecos de oro, ni destroza más encajes, ni pisa mejores piedras. Saben por su ejercicio qué es fineza, qué amor, qué odio y qué fingimiento; y desprecian con facilidad apetitos comunes, los que regularmente abaten la fortaleza de las sencilleces. No digo que no habrán tenido los teatros algunas escandalosas. Pero ¿en qué parte no las hay? Y por los arrojos de una no es justo que perezca el crédito de todas. En éstas, como viven levantadas del suelo dos varas más que las otras mujeres, son más reparables sus acciones. Lo que en otras es cortesía, en estas infelices es desuello; lo que agasajo en otras, en éstas disolución...

—Déjalo por Cristo —me dijo Quevedo—, que para predicar a cada cómica un sermón de honras vales un mundo. Raro eres en el aprehender. Contra todo el torrente de las personas llevas tu juicio o tu locura.

—¿Tú no anduviste este camino? —le pregunté yo.

—No fui tan loco —respondió—, que me fatigase en tales jornadas. Nunca traté en comedias ni con representantes.

—Pues le faltó la mejor gala a tu entendimiento —le dije.

Y al punto salieron las guitarras; y mi difunto, habiendo oído en pie los primeros números de un área, sin poder sufrir la necedad de la composición poética, marchó, y yo detrás de él, y tan enojado, que no me atreví a preguntarle su parecer en la moderna cultura de coplear.

Visión y visita duodécima

Músicas y estrados

Tiró don Francisco por la calle de la Cruz abajo, y yo siguiéndolo y sudando por ganarle la ventaja que me había cogido. A la Puerta del Sol llegué a emparejarme con mi difunto; y desmoronando la esquina que sube a la calle de las Carretas, vimos un envoltorio de hombres más alegres que el tamboril de Baco, más locos que un buen año, más ociosos que el que tiene beneficios simples y más retozones que asno que espera lluvia. Unos eran aplastados de gestos; las bocas se desbocaban a los oídos, risas burlonas, bailándoles tarantelas los ojos y zarabandas los semblantes. Otros, mohínos de fisonomía y zainos de guiñaduras. Uno se reía a empujones, con más falsedad que el alma de Judas. Otro se mofaba de su mismo compañero, pues detrás de los cariños se le bullían las burlas. Estaban todos dando solfas de murmuración a cuantos veían y descompasadamente hiriendo con la lengua, no la opinión, sino las figuras de los que pasaban por la calle, no valiéndoles la confusión del concurso para ocultarse de su fisga descomunal. Todos eran jorobados de ijares, y enseñaban unas muescas por los lomos, más hundidas que alma de condenado; y reparando bien, advertí que aquellas corcovas eran sus pies y sus manos. A uno se le descollaba un trapo verde por los pliegues de la gabardina, y a otro se le reconocía una tarazón de flauta asomado por mala parte.

Dijo Quevedo:

—¿Qué gente?

Yo, le respondí:

—Éstos son alanos que se cuelgan de las orejas, que hacen su presa en el oído y viven pendientes de todos. Éstos son músicos, el costado más alegre de los cuatro que tiene la locura. Aquí están de venta, esperando a alguno que los llame para holgar y darles el dinero. Éstos son los que gozan las delicias de la Corte y sus bienes. Hay mujer que vende las mantas por dar dos pesos a uno que la toque el rabel, que éste es el instrumento más palpado. Los hombres ricos de Madrid son los músicos, los médicos, los boticarios y los sastres; pero éstos son los que hacen más ruido en la Corte.

Apartóse uno de ellos de la tropa; y me dijo que si quería divertirme, que él estaba cogido para un estrado, que me llevaría a entretener un poco.

Comuniquélo con mi difunto, y me mandó aceptase; que él gustaría también de informarse. Respondíle al músico que sí, y tomamos los tres el portante. En una casa de la parroquia de San Martín, de cuyos dueños no me quiero acordar ahora, entramos los tres. Marchó el músico a su orquesta; y yo apenas toqué la alfombra, hincado de hinojos, besé con las voces que me ha enseñado la práctica de las cortesanías y el envión de los apetitos los pies a las señoras mujeres que florecían el estrado. Sentéme en uno de los taburetillos, en donde estaban ya hombres y damas, y con la más ociosa empezaron a salirse los delirios de mi locura y las porfías de mis deseos. Seguía gustoso las amables dulzuras de la parola, que aunque no contengan más discreción que los sazonados chistes del sexo, sobra para entretener, divertir y pasmar, sin acordarme de que llevaba por compañero a un difunto. Éste, pues, o porque me vio enajenado, o porque quería informarse, me llamó, y me dijo:

—No, amigo Torres, a las chispas de esta lumbre es preciso encenderse la yesca de la sensualidad. El fuego no se ha de tomar tan cerca; esta libertad es irse ensayando para el infierno y ponerse en infusión de precito. Nada de cuanto he visto me ha enojado más que esta confusión, mezcla, libertad y desenvoltura. En mi siglo, la cierta señal de correspondencia para el que había de ser marido, era permitirle pisar el borde de la alfombra. Éste era ya el penúltimo favor que recibía el que dentro de un cuarto de hora se había de desposar. Y es lástima el que estas señoras malogren el buen ejemplo de sus honestos trajes con las ensanchas que dan a su honestidad. Bien parecen ahora las damas, viven limpias, adornadas y cubiertas; que en mi tiempo a todas se les registraban los cuatro costados, y la más noble se preciaba de pechera. Todo es malo. Cuando se olvida un desorden, es para acordarse de ciento. También he reparado —prosiguió mi muerto— que en esta sala no hay imagen alguna de Cristo, de su Madre, ni de otro santo de los innumerables que viven eternamente en la compañía de Dios; las paredes desnudas, sin más abrigo que esas cortinas y silletas.

—Perdióse la devoción —le dije—, y con ella el gusto a la pintura.

Y Quevedo prosiguió:

—Un cuadro penitente enfrena al más desbocado. Una efigie honesta sirve de despertador a la templanza. Y todas nos acuerdan los premios de la cristiana religión.

—Ya en todas las piezas que sirven al estrado no se usa más adorno que esta desnudez —le dije—. En las antesalas se suelen ahorcar algunas pinturas. Ven conmigo a este recibimiento, y notarás la inclinación de los españoles en los objetos que tienen para divertir la vista.

Salimos afuera, y en la pieza interior había multitud de papeles y láminas de deshonestos mamarrachos: un hombre vomitándose, otro bebiendo, otro meando, un cartelón en que rodeando a una mesa se registraban varias figuras fumando y engullendo, otro en que se reconocía un galanteo y una disolución, y otras copias ridículas que movían más a lo vicioso que a la carcajada.

—Éstos son los santos de devoción que hallarás, objetos que impacientan la gula, avivan la destemplanza e irritan la sensualidad.

En el reconocimiento estábamos de estas escandalosas pinturas, yo con una vela en la mano sirviendo de apuntador y Quevedo pasmado, cuando nos arrebató al oído el mormullo de los violines, que parecían petrales de cascabeles y jaulas de grillos.

—Ya empieza el sarao —le dije a mi difunto—; no pierdas la ocasión. Quedémonos arrimados a la puerta, que desde aquí verás la alteración de las diversiones.

Salió una dama cosida al lado de uno de los concurrentes a bailar un minuete. Yo no le quitaba ojo a Quevedo; él tragaba saliva, y sin querer asistir más se levantó, y me dijo:

—Yo no quiero ver más. Hasta aquí pudo llegar el desorden.

—Ni yo deseo que lo veas, ni me hables palabra; retirémonos a este rincón, que aún te falta que los veas cenar.

Pero sus visiones piden visita aparte.

Visión y visita decimatercia

Las comidas y cenas

Acabaron el baile, despidiéronse unos y quedáronse otros; llegó el tiempo de cenar, fueron requeridos los criados. Con esto entraron al punto seis o siete ministros de la gula, auxiliares de la destemplaza, terceros de la ahitera y alcahuetes de la borrachez. Extendieron sobre largas mesas delicadísimos manteles; distribuyeron un haz de servilletas, cuchillos, platos, cucharas y tenedores. Tocóse a degollar la razón, a desgarretar la salud, a desenvolver el recato, a espolear la lujuria y a desarrebujar el secreto. Sentáronse todos; empezaron a venir ensaladas de todas las naciones; engulléronse un huerto con aceite y vinagre; siguióse variedad de carnes; desde aquí comenzó la humareda de los mostos a cegar el juicio y a dejar a tientas el alma. Tan impaciente se miraba la voracidad de todos, que más parecía embestir que comer. Cada dos bocados eran colaterales de media azumbre. Tragáronse a la Extremadura en jamones, a Salamanca en pavos; desparecióse San Martín a sorbos, y se enjugó Lucena a buches. Tan presto quería la gula verter los platos en el vientre, que desechando la diligencia del mascar, nos dieron a entender que se podían sorber los perdigones y beberse las pollas. Corrían desguazados por los gaznates de las hembras los ríos de peralta. Aquí fue donde no pudo enmudecer don Francisco; y volviéndose, me dijo:

—Éste es el teatro donde me has representado con más viveza la corrupción de las costumbres de tu siglo. Basta el informe de este desordenado banquete para conocer el estado lamentable de las cosas. ¿Cuándo la moderación de las mujeres en España consintió tan destemplado desorden en el uso del vino? Ya creo que las hembras son apóstatas de la honestidad, cuando este licor es ídolo de sus apetitos. En mi tiempo era agravio de pureza, no digo beberlo, sino el desearlo.

—El nuestro es tan infeliz —le dije al difunto—, que bendicen a Noé tan afectuosas las mujeres como los hombres. En nuestra era los infantes se crían a los pechos de las cubas, los jóvenes repiten el vino como el agua, y las mujeres lo cuelan como el chocolate. Así se desmandan los antojos del animal, así se desenfrena el apetito, así son más intensos los ardores de la carne. Venus se abriga con la manta de Baco, y apenas se ve concurso de éstos que no tenga desenvoltura de fiesta bacanal. Con este licor se avienta el fuego de la lujuria; úsanlo inmoderadamente las personas de uno y otro sexo; con él se les anula el juicio, se descompone la gravedad, se introduce el desembarazo, se huye la vergüenza, que es la conservadora del recato; se entromete el retozo, se desenfrenan los labios, se les da libertad a los ojos, se afloja la rienda a los afectos, y se abre el camino a todo linaje de inmodestia, liviandad y demasía. Las mistelas, con la añagaza de la dulzura, empezaron a galantear el gusto de las mujeres; pusiéronle buena cara a lo suave de estas confecciones; habituáronse a beber un traguito hoy y otro mañana, hasta que aquello que empezó por corta golosina, creció a desorden considerable.

»Esto sucede entre casadas y doncellas, sin alguna diversidad, y la misma confusión acontece en todo género de cosas; porque ya no verás aquella loable demonstración que distinguía a las doncellas de las casadas, aquel exterior carácter que testificaba la intacta limpieza de los pensamientos con quien juraban conformidad sus acciones, sus palabras y sus semblantes. Ya no se ve aquella casta de solteras que con su compostura iban riñendo el libre estilo de la villana juventud; ahora sus ojos, sus ademanes y movimientos van sonsacando desenfadadas expresiones y reclamando indecentes solicitudes. En tu siglo a una señora doncella en cualquier visita se le dudaba la voz; hoy se sientan a presidir un estrado, y hablan a cántaros. Antes, aun para responder a una cortesana atención, el rubor las enmudecía, las sellaba el encogimiento; conversación de boda ni de novios se prohibió a sus labios, se guardó siempre de sus orejas. Ahora la más verde y deshonesta lozanía responden sin mudar de color ni de estilo; al presente hablan de las bodas con tal desuello, como si fueran jubiladas en el matrimonio. Antes no hallaban la mano, aun para dársela a su marido; hoy es cosa que está de balde (como lo has visto), pues en cualquiera danza se le hace barato al que la quiere. Ésta es la desvergonzada malicia de nuestra edad, difunto sabio; y para esforzar más el juicio, atiende al paradero de esta cena.

Ya era cada estómago una población de pechugas, una provincia de tajadas, una despensa de lomos, un humero de chorizos, un empedrado de zoquetes y una balsa de replecciones. Comieron con tal variedad, que tenían vientres podridos como ollas; cuasi se escuchaba el mormullo en los estómagos, en que se percibía los mendrugos y las tajadas andar a mojicones sobre tomar asiento, empujándose unos a otros. Y en los más, los racimos iban jinetes de los meollos y caballeros en los cascos; los vapores eran inquilinos de las calaveras, en infusión de mosto los sentidos, las almas embutidas en un lagar, nadando las fantasías en azumbres, alquilado el celebro a los disparates, los sesos amasados con uvas, los discursos chorreando cuartillos, las inteligencias vertiendo arrobas, las palabras hechas una sopa de vino; muy almagrados de cachetes, ardiendo las mejillas en rescoldo de tonel, abochornados los ojos en estíos de viña, encendidas las orejas en canículas de bodegón, y delirando los caletres con tabardillos de taberna.

Uno de ellos fue a despabilar; tomó las tijeras y, muy tartamudo de movimientos, balbuciente de acciones y bizco de manos, anduvo media hora para arrancarle los mocos a la vela. Y no siendo posible topar el pabilo, se levantó de la silla a pujos; y repitiendo su solicitud, en vez de coger el mechón a la vela, le prendió a uno de sus compañeros las narices, dejándoselas de camino remendadas de tizne. Sintió el compañero el estrujón; y tapadas las potencias de los humos, se moqueó dos o tres veces, diciendo a trompicones y articulando a remiendos:

—¡Hola, señores; no juguemos con las orejas!

Estaban tan pelados de razón y tan lagañosos de alma, que otro don Vendimia de los conmensales, por llevar a la boca una sopa de almíbar, se tapó un ojo. No por esto cesaban las copas del licor blanco, tinto y de otros colores, de suerte que cada uno de los perillanes tenía una borrachera ramillete. Después de varios dulces, embutieron frutas de todas estaciones, llevando la retaguardia las aceitunas, conque de nuevo se impacientó la sed. Acudió a acallarla la variedad de mistelas, copia de aguardientes y otras bebidas espirituosas con que últimamente se anocheció lo racional. Acabóse la cena, y uno de los señores tarazanas con el vendaval de un regüeldo, apagó una de las luces. Otro disparó mucha artillería de estornudos occidentales; éste se levantó echando un borrón en cada paso. Queriendo formar una cabriola, yéndosele los pies a Esquivias a buscar la cabeza, se descostilla. Aquél prosigue en bailar; y tropezando en el atún de Torrente, le prensan la cara con la barriga. Uno canta un responso pasado por rosolí; otro hace relinchar un rabel; finalmente, toda la sala era una zahúrda de mamarrachos, un pastelón de cerdos y un archipiélago de vómitos.

66

Con tanta viveza se trasladó a mi fantasía la copia de tan ridículo país, que también me emborraché de risa al ver tanto atún nadando en piélagos de vino. Se me acaloró el celebro con la aprehensión del tufo y de las carcajadas; y fuese la dilatación de los movimientos, que me despertaron un penoso dolor en las carrilleras y costillares, o que ya subía menos poderosa la virtud de los vapores a los órganos en donde se forman estos presumidos bultos, o la criada que entró al mismo tiempo, yo desperté, y jamás con mayor pesadumbre. Más triste que canónigo rico al son de las canales de marzo quedé después de haber cobrado mis potencias. No suspensión, gloria del alma son los sueños que enseñan y entretienen. Mucho sentí haber perdido los razonamientos del grave difunto; pues en el letargo lograba sus discursos, y ya recordado, solo me acompaña la escasa luz de mis talentos.

Mucho me entristeció no haber acabado de enseñar en la misma modorra lo más interior de la Corte al aparecido Quevedo. Consuélame saber que yo duermo a menudo; y es muy posible que vuelva a soñar y que sea con el mismo, y para entonces estará más instruido para no detenerlo tanto. Por fin, el último alivio de esta pena lo templaré contando mi sueño, que es el que habéis leído o habéis oído leer. Y entre burlas de delirante o veras de despierto, sabed que hablo con los viciosos, tacaños, insolentes, embusteros y ruines. Los buenos se harán malos si timan para sí algo de esto. Los malos serán buenos si, corridos de que se saben sus culpas, acuden con la enmienda a sus costumbres. Cada uno tome lo que le toca, y a mí repártanme lo que quisieren, que ya espero yo será mucho y malo. Pero como en mi voluntad vive siempre la elección, cogeré lo que me parezca, y no lo que me arrempujaren. Y así, adiós, amigos, hasta otro sueño.

Segundas visitas de Torres y Quevedo por Madrid

> A los insolentes, bergantes, pícaros,
> tontos, mormuradores de cuanto no saben
> hacer, prólogo malo, pero mejor que el
> que ellos merecen.

Prólogo

Ya te oí gritar a coraje tendido, entre tus comadres, compatriotas y camaradas, contra la invención de mis Visitas. Ya te vi hecho oráculo de mozos de mulas, fregonas, salvajes y carirredondos, gargajeando maldiciones, en ademán de votos decisivos, sobre lo enfermo o saludable, sucio o jabelgado de mis planas. Ya te noté envidioso, maldiciente, contrayendo a los individuos particulares lo que mi sinceridad católica dictaba como doctrina común. Ya, finalmente, te atisbé reclutando parciales de tu calaña para añadirme el número de los enemigos y los desafectos. Y lo que has conseguido con tu rabia, envidia y solicitud es nuevo motivo para que me ría de ti, mayor asunto para que sea más cacareado mi nombre, y hacer más copioso el número de los mercaderes de mis pataratas. Desengáñate; que ni tú ni todo el poder de los hombres es capaz de producir un resentimiento en mi espíritu, ni una suspensión en mis alegrías. Yo vivo sin deseos y sin obligaciones (entiéndelo como quisieres) y muy amante de lo que Dios me envía, sea bueno o malo, agradable o desabrido.

Advierte, pues, ¿cómo será posible que tu influjo perverso pueda impresionar sus iras necias en el espíritu de un mozo tan duro, tan desasido y tan desvergonzado? Esto se reduce a que tú desde las conversaciones y yo desde los prólogos andaremos a más puta es ella. Y aunque dure la zambra, no imagines que me he de esconder; que antes estoy determinado a dejarme capar que a desasirme de la afición con que me entretienen mis buenas o malas inventivas. Si mi locura es burda o política, rústica o retórica, ya te he dicho que no lo entiendes, ni estamos en el siglo de los Quevedos, Solises, Calderones y Guevaras para que hagas ascos de mi lenguaje. En nuestra España es más raro que el fénix el escritor que habla con la gramática del país. Yo la estudié, y gracias a Dios conozco los barbarismos de tu boca y los disparates de tus escrituras. Tú no puedes distinguir los míos sin pasar por esta disciplina. Tómala primero muy a menudo; y en desangrándote un poco de las heces de tu rudeza, te harás digno de que yo responda con seriedad a tus reparos. Y hasta que así lo ejecutes, no esperes de mí más atención que desprecios, carcajadas, befas y burlas.

Dícenme que has dicho (sea por afear mi ingenio o persuadir tu inteligencia) que lo que hace Torres, cualquiera lo puede hacer. Borrico, hazlo tú y encontrarás fama, dinero y libertad, que es el chilindrón legítimo de las felicidades. Cuando hacía lo que tú, me moría de hambre, estaba desfarrapado, sin nombre y con mucha envidia y lacería. Y después que me puse a astrólogo y me armé de escritor, gano mil pesos al año, durmiendo los once meses y despertando el uno. Estoy redondeado de corregimientos, cátedras, canonjías y otras maulas que tienen esclavos y malcontentos a los que las gozan. Vivo en el pueblo cuya situación y vecindad me entretiene y alegra. Doy de comer a dos caballos y a un mozo, que me sufren, me autorizan y me siguen adonde me conduce mi gusto o mi esparcimiento. Logro de veinte y ocho años oír por la Europa un universal cacareo a mi nombre. Desean ver mi figura las gentes de buena condición y gusto, y creen que soy hombre de otra casta que los demás racionales, o que tengo una cabeza o un par de brazos más que los otros. Las mujeres hablan de Torres en sus estrados con alegría y buena voluntad (y esto es lo que tú no puedes sufrir), y suenan en sus bocas las seguidillas de mis Pronósticos y los juicios de mis Calendarios. Tengo en Madrid treinta o cuarenta ollas honradas todos los días, y sus dueños me esperan y reciben con deleite en sus mesas. Por los lugares donde paso o me detengo, me buscan para su huésped regalado todos los curas, barberos, sacristanes y los demás senadores de campiña. En la Corte me enseñan a los forasteros como si fuera animal del África, cuerpo santo, Escurial o sala de embajadores. Soy convidado a todas las fiestas, músicas, danzas y comilonas de las más vastas ciudades del reino. Y en todas partes soy conocido y requebrado.

Todo esto logro con lo que hago solamente; haz tú lo mismo, y saldrás de envidia y de andrajos. Pero no te dará en el hocico, que eres un loco, presumido, sin disposición, estudio ni ingenio más que para morder, censurar y podrirte. Grita, grazna y espurrea maldiciones, sátiras, libelos y desvergüenzas; que yo te juro que no te he de quedar a deber nada, como te lo dirá el papelito que se sigue. Y advierte que no he acabado con éste; que presto te daré en las barbas con otro, o tan malo o peor. Dios te guarde, o te quite del medio; que para la falta que me haces, lo mismo me da que estés en este mundo que en el otro.

Introducción al sueño

Sobre una tarima en pelo, más cerril y más respingona que el potro de la justicia, me senté ayer tarde a repasar las sobras de unos pingajos de vaca que le hurté el mediodía antecedente a mi apetito regañón. Crucé los muslos; y de bruces sobre los brazos, doblé la cabeza encima de un hombro, solicitando con esta postura conciliar, si no los arrullos del sueño, los cariños de la suspensión. Pero a pocos instantes me sentí tan herido de los clavos y astillones de la dura tarima, como si hubiera dado las nalgas a una disciplina de sangre; que esta fortuna me promete mi profesión, pues por ser en todo irregular, me tiene excomulgado a colchones y suspenso a sábanas, sin haber podido juntar en mi vida para un jergón de enrocarse galgos. No podían mis pobres sentidos emborracharse en las tabernas de Morfeo, aunque lo solicitaban a puto el postre; porque bebiendo las potencias azumbres de sueño aguado con revoltosas inquietudes, solo se suspendían a trasquilones y dormitaban a salpicaduras. No eran capaces las conchas de mi paciencia ni los callos de mi animalidad, de resistir los fuertes mordiscos de las tablas. Pero como no se olvidaba el estómago de remitir al celebro algunos humos (láudanos preciosos de toda impaciencia), al paso que se elevaban, iban templando con sus huellas el dolor de las sobaduras y estrujones, machacando la pesadez de la modorra la mordacidad de los desvelos.

Fatigado en la primera elección de mi quietud, extendí la estatura y tiré la cabeza a una funda, que tenía las facultades de almohada, que me pareció de lienzo de pared y según la aspereza de su trato pudo presumirse rellena de vellones de erizo, algodones de zarza y plumas de puerco espín. Volcaba la humanidad de un lado a otro, buscando con varias posituras de los miembros cariñosos de cama mollar en aquel faraón de madera; pero todo fue porfía, y no quietud; brega, y no descanso; trasiego de tripas y de sesos, y no calma de sentidos y vacación de movimientos. Molido, en fin, como si me hubieran echado un compás de acebuche sobre los lomos, y ya ocupada la cavidad del celebro de la materia fumosa, a pesar del bataneo de las tablas y la tiranía de los vuelcos, a la dulce violencia de los arrullos y la sabrosa pesadez de los vapores se derribaron las pestañas, se tumbó el juicio, se remató el sentimiento, huyó la razón, y yo quedé como un bruto en los brazos del sueño. La fantasía, como vive a espera de estos descansos para desarrebujar sus locuras, luego que sintió al entendimiento divertido, a la voluntad durmiendo y a la memoria roncando, empezó a formar en las calles de mi calletre una procesión de figuras tan proprias, tan vivas y tan ordenadas, que más parecieron obra de un discreto cuidado que pintura de una loca aprehensión, y las fue colocando en la forma que irá leyendo el que tuviese ánimo para tomar a pechos el acíbar de estas verdades.

Sueño

Yo me vi de bruces al bufete, engullendo tajadas de indivisibles tarazones de átomos, pistos de materia prima y substancias de accidentes, guisadas en un Platón rancio por un cocinero de este siglo, que sazona estupendas bizcochadas para opilar sesos y obstruir meollos. Así mataba al hambre de mi curiosidad, brindando con alguna impaciencia a la memoria para que a pesar de las bascas y regüeldos del desengaño, tragase y consintiese en su expensa lo caduco de estas especies desleídas y lo chocho de estos licores repasados (que a esto llaman estudiar: rebutir la cabeza de disparates añejos, y al que más locuras hereda, a ése le canoniza de docto la vulgaridad). A ruegos de mi obligación y a instancias de mi ociosidad, se iba sorbiendo vasos de ideas platónicas; y unas, por su mayor pesadez, se colaron hasta el estómago de la retentiva; y otras, por más flacas y débiles, se atollaron al primer camino, y no pudieron pasar de la primera región de esta potencia. Contemplábame yo en este deliquio y en esta altercación, con el espíritu desainado en los afanes del fantástico sueño y con la humanidad llena de murria por las fatigas del letargo; y así por fortalecer al uso, como por descargar a la otra, me parece que tiré la mitad de la estatura al respaldo de la silla y, apretando los ojos, sacudí a esperezos la mayor parte de la pesadumbre. Pero al volver los brazos a su natural disposición, vi arrimado al canto del bufete al venerable difunto, maestro y veneración de toda mi alma, don Francisco de Quevedo.

Dejé la silla; y abrazado con él, le di mil gracias porque volvía segunda vez a honrarme. Pero ¡válgame Dios! ¡Qué oculta, qué incomprehensible y qué misteriosa es la estructura y economía de esta república racional! Lo digo, porque en esta sazón me acordé haber sido burla todo el bulto de las visiones pasadas. Y esta memoria me hizo dudar lo que la fantasía me estaba aconsejando visible, y a un mismo tiempo me hallé sospechoso y persuadido; y el discurso, aunque mortificado con la pereza de las funciones animales, formaba sus dudas, sus evidencias y sus progresos con la misma discreción que si se hallara la mente asistida de la vigilancia de los cinco talentos. Pero fue tan copiosa la turba de vapores que se hizo parcial al bando de la fantasía, que en su confusa multitud se oscureció aquella mínima luz espiritual que velaba para mi desengaño; y pasó en mi juicio como verdadera esta segunda aparición de mi difunto. Dejé con pena sus brazos; y mirándole con más atención, le conocí menos agradable que en la primera visita. Y lastimosamente ceñudo por hallarme entretenido en la infraestructura dialéctica de los entes, con cariñosa severidad me dijo:

—¡Qué loco, qué ciego y que engañado malogras los días! Menos quejoso viviera de ti el tiempo, si lo gastaras en el ejercicio más servil. ¿De qué te aprovechan para el gobierno de tu alma esas fatigas? ¿Qué verdades has reconocido de la repetición de esas lecciones? Mientras más trabajas, más pierdes; mientras más lees, más ignoras; y solo te vas formando ganapán de delirios ajenos y creciendo para mercader de especies imaginarias; que aunque las compran vuestras aprehensiones, solo sirven de malograr el buen uso de las costumbres. El ejercicio del filósofo no se encuentra en esos libros; su verdadero empleo es conocer las cosas divinas y gobernar las humanas; y a estas dos proposiciones se reduce lo contemplativo y activo de la filosofía. El buen filósofo ha de dirigir, templar y refrenar sus actos y afectos con su prudencia; y hojeando en su discurso, hallará la justicia, la moral, la doméstica y regia disciplina, que éstos son los argumentos en que ha de trabajar. Y a éstos los hallará dentro de sí y en las lecciones de los morales, y no en las fantásticas hojas de los soberbios que con imprudente arrojo han intentado, sin conocerse a sí, penetrar la oculta y milagrosa magia de la naturaleza. Quiero concederte que sea útil el estudio que fatigas. ¿Quién te ha persuadido a que sabes? Porque leer lo que dijo Aristóteles no es saber, es repetir lo que él escribió. Para acreditar que de nada se engendra nada, que el todo es mayor que sus partes, no es necesario probarlo con la escritura del filósofo. La lógica con que nacemos es autoridad que nos hace mayor fuerza. La noticia de que la corrupción del uno es generación del otro, se viene a nuestro conocimiento cuando se acerca el uso de la racionalidad; y aún vive en mantillas el entendimiento, y ya se pasea con alguna libertad por el campo de estas verdades. Y sin que Aristóteles se cansara en dejarlo escrito, se lo supiera discurrir cualquiera alma dócil.

»El entendimiento es el padre de las ciencias, y en su cavidad esconde las semillas de todas. Éste, sin la cultura de los libros, arguye, duda y resuelve; que ésa es su condición, y dudársela es ajarle la espiritualidad. Las artes liberales y mecánicas las aprendemos de los hombres, no de los espíritus.

Ningún ángel nos ha dejado axiomas filosóficos, aforismos médicos ni párrafos jurídicos; cada hombre se ha creído a sí propio los discursos; y los primeros sin libros estudiaron, y solo en la librería de su cabeza leyeron las facultades que hoy son dulce tiranía de vuestras potencias. Lo verdadero lo enseña el alma; y lo dudoso no es sabiduría. Conque estos libros y los maestros que los explican enseñan lo que no saben, y vosotros aprendéis sus ignorancias. Todos nacen filósofos, médicos y matemáticos; y el que porfiare consigo, hallará en sí todas las facultades que hoy son entretenimiento, porfía y ejercicio en las escuelas, y otras muchas que aún no ha descubierto la diligencia del humano apetito. Y hojeando con intención el libro viviente de la racionalidad, rastrearán cuanto los más hombres difuntos dijeron y dejaron, y mucho de lo que no conocieron. Este cuidado no es provecho, sino distracción; el buen estudio se logra en el ejercicio de las virtudes.

»No hay doctrina más útil que el aprehender a morir y todos estudiáis en olvidar esta ciencia. Porfía contigo a amar la muerte y a temer la vida. Sea tu cuidado el conocerte, procura saber derrengar a tus antojos, busca las virtudes, y contempla en sus divinas cualidades. Sean tus catedráticos los afligidos, los enfermos, los pobres y los difuntos; que éstos aconsejan y predican con la obra, los ejemplares y las experiencias. Y, últimamente, aparta de ti la presunción y la ignorancia de tus errados pensamientos. Cada asunto de los que te propongo quieren muchas vidas para su contemplación, y en su estudio hallarás provechosas verdades. Pues ¿qué loco gasta los años en dudar inútilmente, cuando puede con evidencias innegables ser sabio con fruto de su alma? Deja necedades, y lastímate de los que se privan en esa casta de letargo. Trata en disponer el último y primero viaje a la eternidad, y no la contemples tan distante como te la aconseja la engañosa ansia del vivir; que acaso podrá ser que me acompañes hoy desde aquí al mundo indefectible, y que ésta sea la última pisada que imprimas en este suelo.

»Si tienes algunos huéspedes malos en el alma, como la soberbia, el rencor, la codicia, la ingratitud, desalójalos, y en su lugar recibe el desasimiento y la humildad. Y estudia en conservar éstos y negarles la entrada a los otros; que si esto haces, yo sé que no te sobrarán las horas para divertirlas en tan infructuosa profesión. La lección de los libros es muy loable para poner en movimiento las especies, que viven en el alma como muertas por la falta de la consideración; pero ésta ha de ser en los morales y místicos. Y pues te voceas tan amante de mis obras, pudieras acreditarlo obedeciendo lo que te dejé a ti y a los que desean ser sabios para Dios en mi Cuna y sepultura, capítulo quinto; en donde, si no me lo ha borrado algún censor u oficial de imprenta, dejé escritas estas palabras: 'En esto, como en las demás cosas, debes hacer juicio de los libros importantes. Ten de memoria o por continua lección los cuatro capítulos en donde por San Mateo habla Cristo, y repite muchas veces contigo aquel sermón de la propria sabiduría, y por su glosa y comento. Pon tu cuidado en leer y meditar las Epístolas de San Pablo, Doctor de las Gentes, y no pases en ningún capítulo adelante primero que poseas fácilmente la sentencia por la meditación; que así es de provecho lo que se lee, y de otra suerte solo es entretenimiento. Y para aliviar con la variedad la molestia del estudio, escoge entre los libros que se han escrito los que más se llegaren a la doctrina y estilo dicho, y leélos; que sin duda son infinitos los discursos que España debe en pocos años a la religión de sus hijos.' Esto dije viviente; ya difunto, más desengañado, lo vuelvo a repetir y a aconsejar; y te ruego que así lo hagas para honra de Dios, comodidad tuya y del público.

Con las últimas voces de estos saludables avisos se quedó el sabio muerto mirando a mi rostro con espantoso ceño; y tomando el libro en que yo leía, lo arrojó por la ventana, y detrás de él otra media docena de los que pasan entre los doctores por útiles, provechosos y preciosos. Y luego que desembarazó la mesa, asiéndome la mano, me dijo:

—Ven, y guíame segunda vez por la Corte, que es necesario instruirme en las novedades de esta república.

Confuso, convencido y cristianamente enojado con mis ignorancias, formando propósitos de no atravesar los umbrales a estas fábricas de viento, busqué presuroso un capote; y liado en él, me cosí a mi difunto, persuadiéndome a que su contacto solo podía formarme discreto, docto y desengañado. Bajamos la escalera de mi posada; y ya en la calle, le dije:

—Ésta es la plazuela de Santo Domingo, paraje desacreditado, no menos que la de la Cebada y Antón Martín, en la estimación de los hombres que se precian de amantes aprovechadores de las horas y de jurados enemigos del ocio. Aquí se paran muchos en suspensión estéril, consagrando a un inútil embeleso a una infecunda curiosidad mucha porción del día, que consumen en asuntos impertinentes, en pláticas prolijas, en cuidados ajenos, en culpas proprias y murmuraciones continuas, olvidados de sí mismos y sordo cada uno a los gritos de su obligación. De estas aulas de la mordacidad, claustros de maledicencia, teatros de atenciones malignas y ventanas de malicias atentas, está muy abundante la Corte; y en ninguna era fueron más frecuentados estos sitios que en la de ahora, porque ninguna ha llevado mejor cosecha de viciosos, poltrones y maldicientes. Aquí derraman el tiempo; y solo sirve de arrastrarlos hacia la muerte y a la condenación, sin que den paso en utilidad de aquéllos que son pródigos de lo que habían de ser avaros. Por tanto, no quiero detenerme en esta plazuela; pues no deseo parecer del corro de estos holgazanes. Vamos, discreto mío, hacia esta calle, por donde nos introduciremos a hacer segundo registro de la baraja de la Corte, formando segundas consideraciones en sus figuras.

—Vamos, pues —respondió el sabio difunto.

Y diciendo y haciendo, nos engolfamos en calles y discursos.

Visión y visita primera

Los boticarios

En una moral y provechosa plática íbamos ponderando discretamente don Francisco y yo lo fugitivo del tiempo y la pérdida deplorable de sus horas, cuando nos tiró de las orejas y de la atención una confusa tropelía de voces, que al sonido del almirez de un boticario daban cinco o seis perillanes de aquéllos que se están amolando para doctores. A otro lado estaban gobernando la monarquía tres políticos burdos, y presidiéndoles el maestro de los fármacos desde una silla; la cual, siendo solamente acomodada por la diligencia de su artífice, le hizo poltrona el vicio de su dueño. Era éste un puerco de la manada de Epicuro, más gordo que vista de ruin, craso como su ignorancia y hediondo como zancajos de moza gallega. Era bárbaro de rostro, porque tenía solecismos en lugar de facciones: cara compuesta de disparates, y de tan horrible aspecto, que podía servir de molde para vaciar demonios.

—Éste —le dije al sabio difunto— que ves oprimiendo la silla, fue en otro tiempo el Jordán de solteras corruptas, monedero falso de virginidades, pintor de virgos de perspectiva y arquitecto de doncelleces. Ya no son tan escrupulosos los más de los que se meten a maridos; pues, como ya te he dicho en otra ocasión, no se calza honra ajustada como antes, ni están solícitos de saber si las mujeres han sido corruptas antes de casarse, los que no viven cuidadosos de saber si son adúlteras después de casadas. No examina el que quiere enmaridar si la mujer es honesta, recatada y vergonzosa, sino si trae dinero, si tiene chiste, si sabe danzar, si habla con descoco y, últimamente, si observa el ritual de las modas.

—¡Mira qué cuidado tienen los hombres de las leyes del pundonor! ¡Oh miserable siglo! —exclamó el discreto difunto—. Pero dime —repitió—; dejando ese propósito que ya hemos tocado, ¿en qué estado se halla esta ministerial de la medicina? ¿Se ha dado providencia cristiana para que estas oficinas estén como conviene para la salud de los hombres? ¿Mantienen aún la perniciosa costumbre de vender las confecciones ancianas, a las cuales el tiempo las disminuyó la fuerza y vigor medicinal?

—Todavía —le respondí— se conserva ese malicioso y viejo estilo contra el bien universal de las gentes, sin que el amor a la salud y a la vida, que es común a todos, lo haya arrancado de las repúblicas destinando severo suplicio o largo y remoto destierro a cuantos concurren a sostener o encubrir, persuadidos del oro, un pecado tan perjudicial al mundo. Lamentable negligencia es y enemiga de la humanidad. ¿No basta que los hombres estén expuestos a las enfermedades, cuya maligna condición sobrepuja a todos los desvelos y aplicaciones del arte? ¿No basta que oprimido de su achaque llame el enfermo en su socorro al físico, que suele proceder en su curación con descuido y no sin ignorancia, sino que pudiendo la medicina quebrantarle las fuerzas a la enfermedad, y siendo ésta conocida de la observación del médico, y recetando diligente el medicamento que conviene en determinada cantidad y calidad, todavía en la malicia o descuido del boticario se desvanecen los conatos del arte, son burlados los juicios del médico y las bien fundadas esperanzas del doliente, no hallando remedio en el remedio?

—¡Grave desgracia! —exclamó el sabio difunto.

A lo que yo añadí:

—Esa sed del oro es la revolvedora del mundo. Todo lo trabuca y lo baraja. Ella es la que echa a perder las leyes que la providencia de los sabios dejó para el gobierno y conservación de todos. Todo está bien dispuesto, todo prevenido, todo tiene su atajo en los establecimientos de la justicia; pero triunfa el interés, y tiene más séquito que la equidad. Mucho tiempo ha, como tú sabes, cautelándose la política de semejante mal, dispuso que se nombraran unos inspectores de estas fábricas, a cuya integridad, celo y perspicacia fiaron el que siempre estuviesen proveídas de medicamentos de buena ley y actividad. La misma diligencia se ejecuta ahora; pero no alcanzan estas disposiciones a destruir los edificios de la malicia, inspirada del interés, porque comúnmente se ladean los jueces de parte de los reos. Conque también los remedios se ponen de parte de las enfermedades. Entra el veedor con ademán de hacer justicia y enmendar la plana; conoce el malicioso descuido o cuidadosa malicia del boticario; media el ruego, la amistad o la plata, y deja el veedor una tienda de venenos y basura en vez de botica. Siempre han nadado los siglos en malos médicos e indignos boticarios, pero en esta era es tan raro como el fénix el que cuida de nuestra salud. Todos aman el interés, y por hacer oro venden sus conciencias más baratas que sus confecciones.

Visión y visita segunda

Los cocineros

Casi me hubo de atropellar, al doblar la esquina del Postigo de San Martín, la presurosa violencia y acelerado movimiento de un hombre que venía precipitadamente solícito a tomar la calle que nosotros dejábamos. Cierto que pudo ocasionar su indiscreción el que tocase a rebato mi irascible, y que tuve preñada la lengua y cuasi con la barriga a la boca de mis razones para reprehenderle su necedad; pero esta misma me disuadió, y hube de serenarme. Era el salvaje muy pleonasmo de cabeza, llevando sobre un cuello ganapán un protocimborrio; pordiosero de frente, de la que solo tenía un retazo; carcomido de cejas, ratonado de pestañas; sus ojos tan alegres, que en sus movimientos se escuchaban folías y fandangos; la vista encharcada de mosto, de suerte que miraba por azumbres. Parecióme que traía el alma en remojo; cada miradura era un cohete, y cada ojeo una chamusquina; nariz de a folio, en ademán de porra de vaquero; los dientes tan anchos y en tal disposición, que no era posible hallarle vaina en los labios; traía en el rostro abundancia de granos, que cogió en la familiaridad de los racimos; finalmente, el bestia era de tan horrible aspecto, que hedía su semblante a cuantos le miraban. Cierto que juzgué que cuando le formó su Artífice, estaba a oscuras, o que al tiempo de su fábrica estuvo borracha la naturaleza. Su traje era militar, y quería persuadir que lo era su empleo un bastón con su puño de plata, que más le iba sirviendo de autoridad a la persona que de estribo a su estatura. Encontróse, pues, conmigo; y al hacerlo me desemballestó un olor a toda especia, enjerto en un regüeldo. No dejó el sabio difunto de advertir el amago de mi alteración, ni menos quién era el que la producía; y tomando de aquí asa para proseguir nuestro coloquio, le dije:

—Este camello, que inconsideradamente camina y me ha atropellado, ofrece una novedad que no debe huir de tu consideración. Aquí conocerás el desorden y desconcierto de este siglo. ¿Quién te parece que es ése que viste?

—Oficial me ha parecido —respondió el discreto—, estando a los informes del traje y del bastón que lleva.

—En eso colegirás —acudí yo— la confusión en que vivimos y la mescolanza que se continúa con reprehensible tolerancia de la política. Ése que juzgas miembro honroso de la república militar es maestro de capilla de la gula, cuyo empleo es poner los manjares en solfa de sabrosos. Es lisonjero de apetitos y adulador de vientres, sastre de guisados y, en fin, piloto de cocina.

—¿Qué es lo que afirmas? —acudió con gesto de admirado el difunto—. ¿Que es cocinero ése que acabamos de ver con hábito e insignias de soldado?

—Acerca de eso —le respondí— no tengas movimiento de duda. Es cocinero interpolado con ladrón; éstos por lo común hacen caudal de dinero y de culpas. En las cocinas crecen el número de los gatos; las partes que llaman despojos en los animales que se destrozan, son hacienda suya, o por costumbre o por contrato; pero ellos estudian otra anatomía de Satanás: al todo del ave le dan ese nombre, y verdaderamente que se les ajusta, pues de todo el animal despojan al dueño. Después de esto, para vender lo que hurtan, no tienen más tasa que su interés; no hay más arancel que su codicia. Lo que me atrevo a decirte es que entre los maestros de cocina son virtuosos y concienzudos los figoneros y los sastres. Sus cuerpos huelen a especia, y sus almas están oliendo a azufre; sobre sus conciencias se estercola toda la gurullada de los diablos, y no están más cerca del fuego de la cocina que de los tizones del infierno. Todos o los más llevan sus espadines o bastones con empuñaduras de plata, confundiéndose con los militares; permisión indigna, pues lo que es distinción honrosa de un capitán o de un coronel y premio de sus generosas acciones, lo lleva un hombre despreciable y casi de los excrementos de la república. Éstos, en lugar de espadines, debieran llevar los asadores, y así se distinguirían por el hierro. Y así como el maestro de segar gargantas lleva en el sombrero la escalera, que es uno de los instrumentos de su oficio, los cocineros, a imitación de su importante política, debieran también llevar su calza, trayendo en el sombrero representados los asadores y sartenes.

—¡Raro disparate! —acudió don Francisco—, y que merece la atención del que tiene potestad pública para corregir semejantes desórdenes.

Visión y visita tercera

De los avaros, usureros y mohatreros que prestan dinero sobre alhajas

Ya habíamos bajado a la calle del Carmen, cuando deteniendo la humanidad sobre un palo, vimos a un hombre enjuto y chupado como canilla de cementerio; tan pilongo y sucio, que su cara parecía escarpín sudado; los ojos hambreones, que se salían del casco a tragar cuanto miraban, y desde ellos a las papadas se les desmayaban unos pelos lacios, seguidos y mugrientos como cabellera de indio, tanto, que juzgué que tenía la cara con hábitos largos; las manos no eran manos, sino dos manojos de vides; y tan desigual de cuartos, que cada miembro predicaba ser de otro hombre, como si le hubieran formado de retales de moribundos, héticos, tísicos y perláticos. Estaba sorbido de un capisayo, entre ropilla y balandrán, roído de los meses y apelmazado de pegotes de todo trapo, que más era bruma, carga e irrisión que abrigo; valona sábana, que le servía de mortaja al tragadero, almidonada de cerote y más sucia que alma de relator; polainas de botones de a folio, y zapatos cormas con cornisa a lo moruno. Goteaba de hora en hora un paso, suspiraba a empujones y alentaba a pujos; y éstas eran todas las señas de viviente.

—¡Válgame Dios! —dijo Quevedo—. ¡Qué poca lástima se deben los racionales unos a otros! La compasión, la caridad y el cariño a la especie, parece que ha huido de las poblaciones políticas. ¿Cuántos verterán en necios ocios y desordenados vicios caudales soberbios? Y de tantos, ¿no hay uno que se lleve a comer a su casa a ese pobre que toda su flojedad será hambre? En una Corte tan fecunda como ésta, es poca cristiandad que se vean los pobres tan hambrientos y desnudos. Que no haya tantas mulas, y serán asistidos los menesterosos; que se cierren las puertas a la ambición de las ropas delicadas, que se atuse la gula de los cumplimientos, que se cercene el valor a las piedras y puntas; que se ahorquen los perros de falda, micos, monos y papagayos; que vista el hombre honrado la lana del país, y beba el vino de su tierra; que al pícaro se le modere en el gasto de las granas y sedas, y se le quemen los pelos postizos; y de esta suerte todos vivirán más acomodados a Dios y a la naturaleza. Dos codiciosos que sufra un pueblo sobran a hacer pobres mil vecinos. Dios envía al mundo lo provechoso y lo preciso para su aumento y conservación. La naturaleza cada año hace copiosa provisión de frutos y abrigos para sus vivientes, y no deja vida quejosa. A todas acude, y siempre se está desvelando en providencias; pues tome cada uno lo que necesita, y quedará para los otros lo importante. Aprehendan los hombres de los brutos, que ninguno carga con más de lo que le toca y aprovecha. ¿Cómo no ha de haber pobres si amontona el rico en su casa lo que no ha menester y con lo que deja podrir en sus despensas pudiera sustentar una familia? Aunque no hubiera Dios, caridad, mérito ni premio, de vergüenza de ver la compasión, fraternidad y cariño que se tienen las bestias unas a otras, debían los racionales amarse, socorrerse y unirse más los unos a los otros. Con endemoniados ojos está mirando el hijo perecer a su padre, el hermano a la hermana, y el hombre al hombre; y es cobarde tan vil, que no se atreve a privar de un antojo necio para socorrer la continuada calamidad en su padre, en su hermano y en su amigo.

—¡Oh difunto de mi alma, qué católico reprehendes y te lastimas del más abominable de los vicios! Pero has de saber que este esqueleto viviente no es pobre, sino el más sucio de los codiciosos que se revuelcan en el lodazal de Lucifer. Es penitente del diablo y disciplinante del infierno, que ayuna todos los días a su condenación y se va instruyendo de precito; es gañán de necesidades ajenas, enemigo de Dios, de sí proprio y de la naturaleza. Tan maldito es, que por su mano se toma los tormentos y castiga a su vicio con su condición. Él se esconde el pan, y se viste de los retales despreciados de los mauleros. Es tan ruin, que cuando está en casa, se baja los calzones y da las nalgas a los ladrillos porque no se le gaste el paño; no ve más luz que la del Sol, y de mes a mes se escombra el rostro con unas tijeras como si fuera murta. Si está sano, se maltrata; si enfermo y doliente, se deja morir sin más medicina que la cuenta de lo que ahorra; las felicidades ajenas le encogen, le acongojan y martirizan, y las suyas solo le sirven de estorbar los rincones de su casa.

»Tiene este hombre dos o tres mil doblones enterrados al pie de unas tablas en donde se recuesta, y otros tantos a ganancias forzosas, y todavía ignora el sabor a un estofado de vaca. Es la bestia más horrible que pasea el mundo; idólatra, esclavo y siervo de lo que no le aprovecha más que de tenerlo roto y despreciado. Setenta años han pasado por él, y está amontonando reales como si hoy empezara su juventud y como si supiera que le había de durar hasta la fin del mundo; y se previene como si no hubiera Dios que socorre, naturaleza que ruega, y piedad común que asiste a toda necesidad. Borracho, bruto, mañana te puedes morir; arrópate hoy, come un pollo, límpiate esa cara, prueba en dar algo a tu prójimo, que puede ser que te sepa mejor distribuir que amontonar; logra del amor a los racionales, y conoce siquiera la imaginada felicidad del mundo; que si te condenas, ese infierno menos tendrás en la vida. Dime, salvaje, ¿para quién guardas? ¿Para ti? No; porque tú careces de lo que escondes, y de quien más lo ocultas es de ti proprio. ¿Para otros? Menos; porque si a todos nos pudieras sacar el corazón, ya lo tuviéramos enterrado con tus talegos. Pues, necio, ¿para quién ahorras, guardas y escondes con tal castigo de tu cuerpo y con tanto trabajo de tu alma? Ni tú lo sabes, y nosotros lo ignoramos.

»Todos los pecados son dificultosos de huir, y más disculpables, menos el de la codicia. La lujuria es un convidado perpetuo de la naturaleza; y suele no bastar toda la consideración del infierno, la pérdida de la gloria ni otros empujones espirituales para despedirla del alma, y siempre queda desabrido y enojado el natural, porque le quitamos un pedazo de su ser. La gula vive con nuestra organización; y siempre que le recateamos el deleite, está ceñudo el apetito. Y, en fin, todos los vicios son más disculpables que el de la codicia; porque para no ser lujurioso, soberbio, guloso e iracundo necesitamos estar siempre en contienda y resistiéndonos a nosotros mismos. Pero para no ser codiciosos no basta no estudiarlo, que este vicio pide maña, estudio y aun fuerza para introducirse en el hombre. Todos los vicios son halago engañoso de la naturaleza, pero éste es contra todas las naturalezas. El hombre no desea ser maltratado, y la codicia maltrata al que la tiene, y se falta a sí por entretener a su vicio. Perdona, muerto de mi alma, la cansada moralidad con que te he detenido; que ya sé que cuando vivías, dejaste muy castigada esta mala costumbre en el segundo tomo de tus Obras. Pero desde entonces ha cundido con más desvergüenza, manchando lo más religioso de la especie racional. Yo me he dejado arrebatar del coraje con que miré siempre a tales viciosos, y prorrumpí en las desatinadas verdades que me has oído. Y para que te informes mejor, escucha y notarás la altura en que se ha encaramado esta torpeza y la hinchazón que ha adquirido desde tu edad a este infeliz tiempo.

»En cada barrio o en cada calle de la Corte viven tres o cuatro de estos infernales codiciosos usureros, y solo sirven de ir pasando a su casa todos los trastos de la vecindad, con insolente cautela y capa de virtud y remedio, en esta forma: Llega el necesitado de algún dinero a los umbrales de este gomia, y le pide cuatro pesos prestados sobre una sortija de diamantes u otra alhaja de cuatriplicado valor que el empréstito; y como asegura su moneda el usurero, no repara en darlos, y quédase cautiva en el Argel de su ambición. Ya esta alhaja nunca se vuelve a rescatar por el mismo dinero; pues aunque no viva más que media hora en el carcelaje, el dueño ha de pagar los cuatro pesos y más un real de plata de aumento en cada real de a ocho, y para las ánimas dos cuartos. Conque por entrar y salir la alhaja en la prisión del maldito paga cuatro pesos, cuatro reales de plata y ocho cuartos. Y si la prenda se detiene dos o tres meses, por cada mes se le aumenta a cada peso otro real de plata y otros dos cuartos; conque a pocos días se queda en la cautividad del usurero, sin arbitrio del rescate. Tienen estos hombres y algunas mujeres trato oculto de tabaco y otras especies, de modo que compran del estanco real o de algún fraude tres o cuatro libras de tabaco, añaden de mierda de cristianos o de cabras porción hasta hacerlas seis; éstas las rebujan y reparten en papelillos, que prestan y venden a la vecindad, y doblan dos veces el dinero en cada libra, y dedican su ambición a otras indignidades odiosas de contar.

»Lícitas son las ganancias cuando se aventuran los caudales o cuando hay calma en los lucros, y en otros casos; mas para estos fines gozan las cortes y los pueblos personas conocidas, abonadas, de buen caudal y mediana conciencia, a quienes mantienen y estiman los monarcas por hombres preciosos y precisos en el buen gobierno, y sin estos sujetos padecerían graves atrasos los comercios, especialmente en la carrera de Indias, Roma y otros reinos. Pero este infame y otros, sin autoridad de la justicia de la tierra y enojando gravemente a la del cielo, hurtan y estafan a conciencia rota. Y lo más lamentable es que los veo frecuentes en los templos: se confiesan de cuatro en cuatro días, ayunan todo el año, rezan cien Salves en cruz y doscientas oraciones del Sudario de bruces sobre la tierra, y hacen otros ejercicios que mueven la envidia del más extático. ¡Ay, Quevedo mío! No puedo hablar; que a poder, yo te instruyera y te llevara adonde vieras con los ojos de la consideración lo horroroso de este vicio. Solo te diré que se ha entrado por las puertas más religiosas, y que las condiciones y señales que nos ha dejado la teología moral para conocer el semblante interior de la usura, ya no nos desengaña; porque se ha mudado tanto el rostro, que ya es imposible averiguarle la casta. Yo la veo rodar las calles, plazas, pórticos, recolecciones y retiros, unas veces con cara de empréstito, otras con faz de socorro, semblante de donación, agasajo, regalo, niñería, limosna y otras carántulas; y todos se confiesan y se mueren, y por acá quedamos muy satisfechos de la salvación. Yo veo hurtar mucho y restituirse nada, ni he logrado ver un muerto que vuelva a pagar sus hurtos ni sus trampas a los que se quedan por acá, ni a ningún vivo que en la hora de su muerte ni en los días de su vida haga almoneda de sus embustes y reparta los que llaman sus bienes a quien los estafó (y regularmente los reparte de modo que siempre vienen a tocarle al diablo). Es ciertísimo que de este modo y otras mil maneras se hurta sin temor de Dios, de la muerte ni de la vida.

—Mucha codicia, usura y ambición se paseaba por mi siglo —dijo Quevedo—, pero no tan desvergonzadamente, ni era tampoco de esta tan maldita, tan baja ni tan pobretona casta. Pero ahora parece que han llegado los hombres, por ser codiciosos, a serlo de las miserias y desdichas. Pues ¡qué más desgracia que la de ese infeliz que anda buscando su condenación en cuartos de tabaco!

En la encrucijada de la Puerta del Sol paró el grave difunto, volviendo la vista a todas las partes, así como repasando la confusa tropelía de hombres y brutos que van, vienen y se quedan en aquel sitio; y al cabo de una larga suspensión, me dijo:

—Sin duda que está la Corte más poderosa, más rica y más alegre que en mi siglo; porque lo galano, sobresaliente y costoso de los trajes, la muchedumbre de los coches y la multitud de gentes racionales acreditan la plenitud e hinchazón de su poder.

—Yo te instruyera con bastantes noticias acerca del argumento que has apuntado —le dije yo—, si estuviéramos en lugar menos público; pero estoy medroso de que hay por aquí muchas orejas, y lo que yo tenía que informarte corre peligro en que lo sepa quien me puede hacer algún daño. Lo que yo puedo decirte, porque lo sabe todo el mundo, es que es ciertísimo que nunca fue más feliz la Corte que en este siglo; tanto, que para quitar los escandalosos desórdenes de su soberbia, poder y suntuosidad, se halló precisado el sabio y temido monarca que hoy nos gobierna a arrojar de Madrid, la plata, el oro, los coches, las telas, los encajes y las piedras por pragmática expedida cuatro años ha. Las rastreras y meloneras vestían los finísimos bordados que en tu tiempo se fabricaban para el culto de templos e imágenes. En tu edad todos andabais vestidos de réquiem; no conocisteis la púrpura si no es en las personas reales, y yo la he visto en los zapateros y sastres. Nunca salió la Corte de capa de raja; y con lo que en tu tiempo se vestían los príncipes no hay ahora que arropar a un cocinero. En cuanto a coches, creo que tenemos ahora seis mil más que en tu tiempo; porque entonces no había pasado a los oficios mecánicos, y ahora lo han añadido los médicos, letrados, relatores, agentes, comadrones, cirujanos, maestros de obras, pintores y algunos herreros. A todos éstos lo más que se le permitía era un jaco, y el que ganaba para una mula y un galopín era el hombre rico de la profesión. En cuanto a alegría, jamás hubo tanta en la Corte: aquí no se hace otra cosa que bailar y tañer; cuatro mil músicos más tiene hoy Madrid que los que pagaban en la era que tú eras viviente; ahora al que sabe serrar en un rabel le dan mil ducados de salario; y a los que cantan lo que no se les entiende, dos mil; abundan las calles, las casas y los templos en chirimías, violines, flautas, cuernos, clarines y timbales, instrumentos que ni los habrás oído nombrar.

»En tu tiempo a las visitas de boda las agasajaban con aloja y suplicaciones; hoy todo es sorbetes, auroras, aguas de fresas, guindas, cerezas y otras extracciones y golosinas. Los salarios en todo linaje de sirvientes son al doble crecidos que en tu tiempo; en las oficinas, a los que saben leer y escribir y hasta firmar, los dan cincuenta mil, treinta mil o doce mil reales de sueldo; y en fin, amigo, esta edad en la Corte solo es mala para los criados de los señores, que a ésos les han carcomido los salarios. Pero a los demás, a todos les sobra para coche, visitas, gorronas y músicas y otros desórdenes. Toda esta abundancia es hija de la universal carencia del resto de la España. A cualquiera pueblo que vieras conocerías al punto su miseria. En ellos sudan y trabajan para mantener a los ociosos cortesanos y a los que llaman políticos. Al rabo de una reja anda cosido todo el día el desventurado labrador, y el premio de sus congojas es cenar unas migas de sebo por la noche y vestir un sayal monstruoso que más lo martiriza que lo cubre, y el día de mayor holgura come un tarazón de chivo escaldado en agua. Los caudales de las villas, aldeas y ciudades, todos vienen en recuas a la Corte. Aquí todo se consume, y allá quedan consumidos; aquí apoplejías y allá hambre, aquí joyas y galas y allá desnudez. Y porque vivan desperdiciando en carrozas y glotonerías y embelecos cuatro presumidos, soberbios y ambiciosos, dejan perecer y remar a todo un mundo de pobres cristianos. Dejemos por ahora este asunto, que pide más difusa locución e informe, y ven adonde yo te guiare. Verás otra de las monstruosidades dignas de compasión, y créeme que me he alegrado que hayas venido a verme segunda vez, solo por comunicar con tu justa advertencia el escándalo de las visiones que se siguen.

Visión y visita cuarta

Los escritores de viejo

Subíamos las escalerillas de San Felipe el Real, y en medio de su lonja vi un montón de diablos como hombres; y le dije a mi difunto:

—Acércate y persígnate, que este corro de visiones es un burujón de demonios que solo sirven de atizar almas, encender conciencias, soplar créditos y desaliñar linajes. Son escritores de este siglo, que a un mismo tiempo tiznan la blancura al papel y la fama de los aplicados; y por decir una sátira fría no les pesa de quitar una honra en caliente.

Era el uno un clerizonte entre tinto y ventioseno, gañán de fisonomía y panarra de facciones, con un rostro-plasta a manera de boñiga picada de escarabajos, tan trompicado de grietas y espinillas, que nos pareció figura de castillo cagada de moscas; los ojos de cochino, arremangados al testuz; descubría entre el cuello y las agallas un par de mechinales que parlaban la buena casta de sus obras; los cascos sin cobertera y con hambre de entierro. Hombre a medio podrir, tan vecino a lo viejo como a lo cadáver, padecía diarrea en los sesos, cámaras en la meollada y desconciertos en la cabeza, pues por todos los ojos de culo de su cara se le derramaba el podre en cera, lágrimas y mocos; y acudía de cuando en cuando a limpiarse las narices con el dedo índice, que era tan amusco y tan gordo, que entendía que afilaba en ellas el muslo de un negro. Estaba devanado en una sopalanda llena de gotas de cera, que presumí que le habían salido viruelas al hábito largo, y tan raído, que el piojo que salía a revolcarse a la loba se desguazaba como si corriera patines.

—Éste —le dije a mi aparecido muerto— es apóstol descartado. Tuvo fortuna de entrar en baraja en una buena Compañía; y él fue tal, que no le pudo sufrir un Jesús; y sus extravagancias corrieron tanto la posta a la declinación, que en pocos días vino a parar al supino de expello. Gastó buena ropa, y ya sus actos le han traído a aquellos malos hábitos. Vivo ejemplo es de la poca duración y engreimiento de la humana soberbia; pues muchas veces se soñó consejero espiritual de príncipe, y aun se trataba para oidor de conciencias reales, y ha parado en oficial de misas y arriero de difuntos. Se desayuna con el Qui Lazarum resuscitasti, cena en los mortorios, y vive enfadando a los vivos y a los muertos. Cansóle esta santa tarea, porque nunca permanecen en el Buen Suceso las fantasías poco mortificadas a la justa obediencia. Y ahora se ha metido a tratante de sátiras, cartelero de pasquines, y se ha metido a escritor como a tendero; porque tenía zurcidos a la cabeza algunos retazos de Marcial, tal cual guiñapo de Francisco el de la Cuchilla y unos remiendos de Juan Barclayo. Parecióle sobrada tela, y empezó a tirar tajos y reveses; visitó de su puño algunos ingenios, y a mí me cortó un buen sayo. Pero conociendo los de buen gusto su mala tijera, le escupieron la obra; y se le ha condenado a remendón de jácaras y ropavejero de romances, y vive tan desesperado, que se teme que pare en donde el otro Apóstol de la otra Compañía.

—¡Notable desgracia de talentos! —dijo don Francisco—. Muchos conocí en mi era de esta casta, que su estudio fue hablar mal y escribir peor, ignorando de todo lo que hablaban y escribían; y cuando pasé de este mundo al que ya no me puede faltar, los vi llorando lastimosamente en el fuego. ¡Oh almas, que solo se ejercitan en discurrir contra su prójimo! ¿Tan pobres están las ciencias, que no tienen caudal para mantener la fantasía de un ocioso? ¿Tan perfectos sois los hombres, que sabéis ya toda la filosofía moral? ¿Los vicios viven tan mortificados, que no hay que reprehenderlos? Si fuera cierto, sería otra gloria el mundo. Pero es lástima que se mantienen mozos los desórdenes viejos, y cada día con nuevo calor para engendrar ofensas. Hombre, ¿eres aplicado a dictar y deseas embriagarte con el humo del aplauso? Trabaja en los entes naturales, aplícate a la inquisición de sus virtudes, y contempla sus provechos; que aunque es estudio vano, no toca en la línea de lo ofensivo.

»¿Quieres elevar tu capacidad? Sean tu meditación las verdades teológicas, y venera la sabiduría de la fe, elevado en sus gloriosos argumentos; que yo te aseguro que aunque vivas hasta el día del Juicio o más allá del vivir, te han de faltar los días para aprehender. Para explicarse bien, ¿quién te persuade a que es preciso hablar mal? Tu cristiana obligación es amar a los que anteriormente se aplicaron, o al tiempo que te fatigan los mismos asuntos. Si el que escribe es indocto, él no es culpable en la capacidad; que éste es don repartido de la Providencia, que a unos da más y a otros menos. Lo que no le puedes negar y aun deben agradecer es su trabajo, y esta virtud es digna de veneración. Estudia inventando, que ésta es gloria del juicio y honra del espíritu; descontentarse de las doctrinas es demonstración de almas rebeldes y de potencias vanas y presuntuosas. Una verdulera replica con un doctor; una mujercilla con sus dicterios triunfa de un filósofo. Mira qué estudio tan grave es el que te arrastra, que lo ejercitan las verduleras y las más simples sirvientes. La arrogancia de escribir contra otro es la más altiva y endemoniada persuasión que puede inducir Lucifer. ¡Qué vanidad tan sacrílega, presumir de docto cuando la tierra no da otro fruto que ignorancias y errores!

»Ciencia y alegría son alhajas del cielo, que no las hemos visto por acá, ni las podrá poseer ningún viviente. Son dones que guarda Dios para el bueno, y solo se las da en su presencia. Los desterrados de su patria celestial no gozamos más sabiduría que la que nos fingimos unos a otros, ni otro contento que el que la falsa risa del mundo nos persuade. En lo que sale escrito al público encontrarás lo bueno y lo no bueno. Medita bien antes de sentenciar; lo bueno, estímalo y éntralo en tu memoria; y lo que no te pareciere recomendable, disimula o discúlpalo; que si el estudio que pones en burlarlo, lo aplicas a defenderlo, tal vez hallará la buena diligencia de tu intención saludable, agrado en lo que estabas despreciando ceñudo. Desdichado loco es el que dedica su juicio a la anatomía de los descuidos, que tal vez los hace quien los nota; porque su dañada intención o su necedad no le dejan entender lo que estudia. Para advertir faltas, el más necio es docto; para escribir sin ellas, ninguno ha sido sabio ni lo será.

»Yo quiero lisonjear a tu presunción y concederla la victoria y el triunfo del que hiciste tu contrario, sin más motivo que la pesadumbre de su exaltación y que tus doctrinas son abrazadas de todos (que es imposible). Dime ahora: ¿qué te hizo la aplicación del otro para desmadrarle sus fatigas y deslucirle sus trabajos? Si el argumento, las voces, las ideas o los discursos no fueren amables a las religiosas católicas costumbres, Rey tiene España, Consejo, ministros y doctores, pagados para la revisión de las escrituras y libros. Éstos han de ser los rigurosos fiscales de las obras, a ti ni te pertenece ni aprovecha; en ellos es religión la censura, y en ti, delito. Y ya que tu inclinación (que no es buena, sana ni ingeniosa) te arrastre a refutar las doctrinas de los justamente entretenidos, pregunto: ¿ha de ser siempre hiriendo más a la estimación que a la opinión? Bien puedes, sin acordarte de su nombre ni costumbres, aconsejar lo opuesto de su escrito; que este linaje de contrariedad es usado, aunque es peligroso, porque le minoras la fama, le atrasas la honra, le aventuras el caudal que distribuyó en sus impresiones y le pierdes el que podría ganar con el crédito de sus tareas. Pues ¿qué católico, por no disgustar al necio antojo de su soberbia, atropella las famas, los créditos y los intereses de quien no le hizo daño?

—¡Ay, Quevedo mío! —le dije al difunto—. Para toda esa adversidad tuviéramos tolerancia, si de las semillas que nos vierten en este siglo cogiéramos algún fruto de sana doctrina, buen ejemplo o varia ciencia; que así templáramos el dolor de la sátira con el deleite de la ingeniosidad. Con menos nos contentáramos, con un estilo castellano corriente; pero es la lástima que la cosecha toda son blasfemias, rencores y malos tratamientos. Los que hoy vivimos, no tenemos a quien imitar, sino a quien sufrir; la imitación es perniciosa, porque el alfabeto que nos han mostrado en las impresiones es un calepino que solo enseña el lenguaje de las desenvolturas; la disculpable emulación en la virtud de la ciencia, ninguno la conoce; solo se envidian la mordacidad en la escritura; y al más desenvuelto, locuaz y presumido, lo jura docto la vulgaridad, porque vivimos entre bárbaros. Y porque no presumas que este informe puede ser hijo de mi enojo o de mi torcida pasión, sin perder de los ojos la presente turba, has de satisfacerte de mi verdad.

Visión y visita quinta

De los escritores anónimos que tiran la piedra y esconden la mano

Dimos otro paso para coger más enfrente otro de los ingenios hugonotes. Dimos de ojos con un escritor liorna, que escribe en la ley que quiere, y siempre es en la del diablo. Era un hombre barrigón, que muchos le tienen por Diógenes, y es la tinaja; chato, peludo y tan gotoso de cachetes, que las facciones las tenía embolsadas en los morrillos; y la carne repartida en bandos de burujones, corcovas, mendrugos y zoquetes, y tan hidrópicos, que el más hético era como una breva de pino; cara bandujo, con sus tizonazos de cagalar; tan preñado de pescuezo, que estaba con la nuez a la boca; y desde la gorja a los hombros era todo cara. Era el buen padrastro un padrastro vejiguero, despertador de las carcajadas, susto de las visitas y muerte de las meriendas; era tan pegajoso de humores, que estaba sudando albondiguillas y carnero verde; y según lo falto de respiración parecía recién llegado al corro, y por entre dos dientes, como dos almendrucos, escupió una tormenta de necedades y un turbión de locuras.

—También este padre Carnestolendas —le dije al difunto— es escritor botarga, y sale al tablado del mundo con sus satirillas, jácaras, entremeses y descomposturas de la persona. Desde el vestuario tira chuzos, rebujada la cabeza con la cortina de lo anónimo, y arroja peñascos de blasfemia contra todos los que salen y sobresalen, y salga lo que saliere.

—¡Válgate Dios, qué torpeza! —dijo el sabio difunto—. De los retirados a las recolecciones ¿hay quién viva (o le dejen vivir) entregado a tan abominables tareas, faltando a Dios, a sí y a su prójimo tan exquisitamente? Los que profesan la persuasión católica, la alabanza de Dios y de sus santos y el buen gobierno en su milagrosa doctrina, ¿habían de escandalizar con culpas que aun la autoridad comunicada por Jesucristo no puede absolver sin la diligencia de la retractación? Ni es posible, ni lo quiero creer.

—Yo sí —le dije al muerto—, porque éste y otros de su calibre me han dado en la honra latigazos de muerte, y le han levantado los bollos tan altos a mi estimación; y debajo de la carántula de lo anónimo han zurrado el crédito a todo pobre. En tu siglo, sabio de mi alma, y en los pasados se honraban gloriosamente los ingenios marcando sus obras con su nombre. Así lo hizo San Agustín, San Gregorio, San Ambrosio, Santo Tomás, San Alberto y los

más Santos Padres de la Iglesia; y descendiendo de la hidalguía de las virtudes católicas a la nobleza de los nacimientos, los reyes, los emperadores,
cardenales, arzobispos, obispos y doctores, todos trabajaron para colocar su
nombre, contentando a sus fatigas presentes, con la memoria de lo futuro,
y apetecían más verle impreso por cabeza de un tratado que esculpido en
la dureza de los bronces. En tu siglo y en los anteriores no se conocía libro
sin autor; y los escritos de las edades pasadas, todos tienen, lo primero, el
nombre del ingenio, y después el asunto o el tratado. Pues, hoy en la Corte
hay peste de libros sin nombre; y si le dan alguno, es fingido, o usan de un
anagrama dificultoso.

»Bárbaros, si la obra es buena, es hurto insolente tiranizarle el nombre;
si es mala, por ningún motivo la debes hacer ni imprimir. El libro bueno ha
de engendrar dos cariños, el de Dios y el del prójimo; pues ¿quién sino
un ateísta se negará a ejercitar en su nombre a alabanza de Dios y de sus
hijos? Si dice alguno que es vanidad, mecánica, ambición, deseo del aura
popular u otro vicio, es blasfemo e irreverente; pues maltrata y abomina de
los Apóstoles y Santos Padres de la Iglesia, en cuyas escrituras veneramos
tanto el nombre que pusieron como la doctrina que nos dejaron. Los anónimos parece que hacen estudio en despreciar la obediencia cristiana; pues
pasan atropellando los decretos del Sumo Pontífice de la Iglesia, que tiene
expedidas y mil veces revalidadas infinitas bulas excomulgando, con censura
reservada a su Santa Sede, a los autores que imprimen sus obras sin poner
en ellas su nombre verdadero. Y nos manda con justa advertencia firmar los
escritos para que ninguno, confiado en no ser descubierto, escriba sátiras
ni vierta dicterios contra la religión, el Rey o sus vasallos. Tan idiotas son,
difunto de mi alma, que están persuadidos a que ocultando la mano no des-
calabra la piedra, y escondiendo la pluma no se tizna la conciencia; y arrojan
cantos y bodoques detrás de la muralla de lo anónimo, y se llevan de calles
la salud, la fama y la honra del trabajador cristiano que vive atento a la cultura
y fruto de las buenas letras.

—¡Oh vergüenza desvergonzada! —exclamó Quevedo—. Tienen rubor de
que se vea su nombre en la sátira, y no se avergüenzan de escribir lo que
no se atreven a firmar ni a defender. Por cebarse en la delectación del delito,
no quieren confesar el pecado; por no exponer opinión, aborrecen su con-

ciencia. Los ladrones, para alegrarse con el robo, se esconden en el lugar más oculto. No es el temor el que los retira, sino el deseo de la complacencia e infame alegría. Así los anónimos, para lograr cumplido deleite en los dicterios, buscan la boca más negra y la pluma más tenebrosa, y aun de sí quieren esconder la ofensa. En la ocultación del nombre confiesan temor al mundo, y poca reverencia al cielo, y por no enojar la condición de los hombres atropellan por la ira de Dios.

—Ahora acabarás de dar crédito a mis verdades en la pintura de esa visión que está a la derecha de ésta que nos es preciso despreciar.

Visión y visita sexta

De un satírico que descubre linajes y levanta testimonios

Estaba entre la gurullada de ingenios un estantigua tan ordeñado de mofletes, que los carrillos eran dos tetas de diablo; tan chuzo desde las sienes a la barba, que el rostro parecía capuz portugués o nesga de camisa de aldeana; todo embadurnado de grietas, verrugas y bigotes; hendido a chirlos, tajaduras y agujeros; y tan horadado de las viruelas, que su cara nos pareció la rejilla de un confesionario. Conocimos ser letrado; porque tenía su argolla de engrudo a los gañotes, y estaba arrebujado en una capa talar que solamente dejaba reconocer los pies, que eran tan disformes, que creímos que pisaba con dos congrios. Era el tal letrado un esqueleto con sus brújulas de marimanta y sus visos de ajusticiado, peste de la paz y muerte de la concordia, pues vive de alentar las porfías y los rencores.

—Éste es legista venial —le dije a Quevedo—, que ha poco que le han catado la jurisprudencia, y nuevamente ha puesto cédulas de alquiler a la conciencia y a los párrafos para reclamar disensiones; y es tan malo todo, que nadie le ha querido desvirgar el juicio ni el estudio. Corrió algunos días enseñándose a las ventanas, a los templos y a las procesiones para marido, y se enamoraba de cualquier mujer que le pudiera matar el hambre del estómago; pero todas le despreciaron por necio y por horrible. Se ha acomodado a aprendiz de escritor, estrenóse en mi paciencia, recogió los dicterios que me habían tirado a las costumbres otros de su habilidad y de su conciencia, y púsose por título Consejos amigables. Hedió a pocos días la sátira, perdió el dinero de la impresión, y ahora se pasea hambriento y desesperado.

—¡Rara especie de maldad y de locura —dijo el venerable aparecido— que un hombre que no es bueno para marido ni letrado, que son empleos que no excluyen la necedad, se presuma con entendimiento para contradecir a las profesiones que jamás pasaron por la aduana de su memoria! Si él fuera mediano en su ejercicio, ya le ocupara la frecuencia de los pleitos. ¿Quiere encontrar argumento en las costumbres del justo trabajador quien no lo halló en la ciencia de la doctrina cristiana? ¿Habla de las gloriosas facultades quien en la basta copia de la jurisprudencia no ha sabido recoger susodichos y porquees y otrosí para aliñar un alegato? ¿No tiene entendimiento para comprehender una facultad que toda es memoria, y le pareció fácil escribir en las que piden la mayor nobleza del espíritu? Siempre los ignorantes se arrojan a tantos delirios, que a los cuerdos los detienen las dificultades. Poco cariñoso fue siempre nuestro natural a las operaciones de otro individuo. A las obras, aunque buenas, en no siendo propias, el más modesto las recatea la alabanza; y aunque avise su bondad lo bien limado, nunca tenemos valor para confesarles lo exquisito. Envidia es que ha reinado en nosotros desde el mundo, y acabará con él; siempre se ocupa en babosear los buenos bocados, y nunca le entran de los dientes adentro.

—Esta escandalosa persecución —respondí al viviente muerto— siempre ha sido inseparable sombra de los ingenios de España. Y en acordándome yo que tú (que hoy eres el ídolo y veneración de las naciones) viviste preso, pobre, aborrecido y desterrado, ni me admiran ni me asustan las tribulaciones en que zozobran los desgraciados que en esta edad pelean con la fatiga penosa del estudio; porque no faltan ociosos, vanos y presumidos que solo se ocupan en sembrar mentiras, plantar oprobios y recoger insolencias para paladear y mantener al vulgacho, siendo los mismos ingenios la raíz de esta irremediable ponzoña. Oye la razón que me tiene acreditada el trato y la experiencia.

»La gloria del uno es el infierno del otro. Éste se abrasa en el fuego feroz de su envidia, y con la venenosa libertad de precito y los furiosos ardores de atormentado escupe blasfemias, arroja maldiciones y dispara furias engañosamente, persuadido a que con los vómitos de su rabia se templa la inextinguible voracidad de su enojo. Y como estas sátiras no las oye deidad que las desprecie, sino es hombres que las acarician, dan crédito a los alaridos de la desesperación y en breves días arrojan al escarnio y al desprecio al que empezó glorioso en sus tareas. No saciado el infame deseo, prosigue sacudiendo su pesadumbre con su infernal lengua hasta que del todo le entierra la fama y le esconde la opinión, y lo deja oprimido, odioso y apartado de los honores y bienes naturales; y acaba el infeliz ingenio rodeado de miserias y oprobios, como te sucedió a ti, al Góngora, Candamo, Cervantes, Salazar y a las mejores plumas del orbe. Y éste es, martirio más o menos, el fin y el premio de los más floridos y excelentes ingenios de la España. Esta contagiosa peste no solo ha contaminado la libre comunidad de los seglares, porque también ha corrompido las clausuras más religiosas. Si expone sus tareas morales al público algún discreto recogido, codicioso de la salud común, se exalta la emulación de otros, no a persuadir la más sana doctrina, sino es a usurparle la gloria. (Hablo con sus escrituras, y el que fuere propenso a la lección verá en la naturaleza de su contrariedad el veneno de su envidia.) Este desorden, aunque con menos alteración, padecía tu siglo; oye ahora lo que no pudo consentir tu edad, y sea yo el vivo ejemplo de la indigna mordacidad de la presente.

»Yo, amigo, por la misericordia de Dios, estoy hecho en su gracia y por padres legos (felicidad que se achacan muchos y tienen pocos) tan lisos y sanos, que nunca les descubrió la más religiosa vigilancia ni la más astuta malicia la menor verruga ni el lunar más menudo en el bellísimo semblante de su crisma; y tan castos y honestos en la fe, que ni de curiosos asomaron jamás al burdel de Calvino, al lupanar de Lutero ni a las zahúrdas de otros protestantes (que si alguna vez hicieres tránsito en otra aparición, por Salamanca lo verás, pues no te propongo testigos difuntos). He espulgado varias veces a mi generación, y he cavado mi abalorio hasta encontrar las pilas en donde con el baño sacramental limpió la piedad de la Iglesia las costras y borrones originales de once abuelos, cuya sanidad y pureza están gritando los cuadernos parroquiales de San Isidoro, San Martín y San Cristóbal de Salamanca; y no he reculado más, porque adelanto poco en saber si soy más bueno, y me asusta mucho lo posible de encontrarme más malo.

»Vivo tan seguro de la bondad de mi alcurnia como de su pobreza, pues también me consta que no llovió Dios sobre cosa suya. Todos se dedicaron a ejercicios honestos y apreciables en aquel país, pues el más extraviado paró en mercader de libros, arte que solo tiene de mecánica juntar los tomos para venderlos. (Así sucede al médico, letrado, teólogo y matemático; pues todos se rellenan de hojas y libros para comerciar y vender en varios traslados sus consultas, peticiones, pareceres y recetas.) En lo demás tiene calificada su hidalguía, porque la materia es la más preciosa, las gentes con quien tratan las más excelentes: Papas, reyes, religiosos, doctores y todo racional de buena doctrina. Con estas cartas me apeé desde el vientre del mundo; y aun no me había cubierto un pelo, y ya peinaba canas de ochocientos años en la fe de Jesús, gloria a Dios. Tú dirás que con menos recomendación debía merecer algún abrigo de los católicos españoles; y yo te digo y te juro que no me ha podido librar de sus temerarios oprobios ni el favor de la naturaleza, ni la similitud de la especie ni el mandamiento de la religión.

Reparé en mi difunto, que estaba conturbado, y le dije:

—No te alteres ni asustes, que deseo tu atenta meditación para que conozcas la falta de fe y el poco respeto a Dios que hay en España, siendo por el monstruoso tedio que conspira este linaje de soberbios contra la honra de su prójimo. Y prosigo (sin faltar de mí) probando con innegable verdad esta incorregible y lastimosa relajación.

»Sintiendo mis pasadas fortunas y llorando el tiempo perdido de mi vida, me hallé en esta Corte roto y hambriento, cargado con veinte años y cincuenta calamidades. Ya me reprehendía el tiempo, me acusaban mis obligaciones, la melancolía empezó a reírse de mí, la confianza a zumbarse, a darme brega la flojedad, y últimamente a aguijonearme la desnudez y la flaqueza, que son dos espuelas que hacen brincar al espíritu más remolón. Acosado del conocimiento y perseguido de mi necesidad, eché el discurso y la diligencia a la solicitud de una decente oficina para gastar y acabar de romper en ella la raída vitalidad que me quedaba. Apetecían mis perezosos talentos unas tareas entre mecánicas y escolares, que al paso que me entretuviesen, me alimentasen, huyendo siempre de pedir a otra mano mis alivios. Con esta meditación y deseo registré mi salud, reconocí mis miembros, visité mi cabeza; y después de haber recorrido la larga y estrecha choza de mi racionalidad, mendigando al cuerpo sus fuerzas y sus discursos al alma, solo me socorrió la memoria con mostrarme unos retazos astrológicos, que, como enredos y no con alhajas, había guardado en los primeros años de mi juventud. Examinada, pues, la opinión del oficio, me pareció menos vileza ponerme a matemático que a sastre, ladrón, lisonjero o embudista; y firme en este propósito, me acabé de arropar en la tienda astronómica, y salí en estatua con mis adivinaciones por esas calles, gritado de ciegos y perdularios.

»Recibióme el vulgo con la boca abierta, jurándomelas de mordiscones (unos decían No vale nada; otros No es suyo; No es cosa; Que lo venda y nos traiga el dinero), y con otras tormentas de soplos con que saluda la vulgaridad a los novicios en la escritura. Y siendo indubitable que en España no conocían a esta casta de letras, pues con infamia de la nación vivíamos gobernados de los pronostiqueros de Italia, siendo por más de cien años el gran Sarrabal el ídolo de nuestra sencillez y locura, no hubo letradillo, médico ni sacristán que no escribiese contra la astrología, sin haberla saludado siquiera desde los umbrales. Debí a mi desengaño descubrir la oculta rabia del vulgo; y procuré curarme en salud de sus mordeduras con el antídoto de la paciencia y humildad, solicitando más la lástima que la envidia, y más los alivios que las exaltaciones. Y por redondearme de majaderos y presumidos, confesé en los primeros prólogos de mis papeles que yo no salía al público a descubrir ingenio, a ganar fama ni a negociar aplausos, que solo pretendía acallar los gritos de mi pobreza y socorrer la de mis viejos padres, a quien la fortuna había degradado de sus conveniencias y de los bienes donde ella tiene algún imperio.

»Yo añadí fealdad a mi figura, trasladándome al papel más abominable que festivo; yo malquisté a mi alma, rebajándole el valor de sus potencias; y yo hablé de mí mismo con tal obstinación, que solo les dejé a los satíricos mucho que trasladar y nada que decir, de tal modo que mi nombre, mi familia, mi persona y mi estimación vivirán eternamente quejosas de mi pluma. Nunca escribí, ni aun hablé con desagrado, contra conocido escritor; ni con mi nombre ni otro supuesto salió sátira a objeto particular; y pido a Dios que el día que amaneciere en mí tal deseo, me divida del tronco el brazo con que gobierno la pluma. Respondía a todos en tiempo; que era preciso defender mi estimación y mis intereses, aconsejado de la naturaleza y de Dios, que me mandan mantener las dos alhajas del honor y de la vida y me absuelven del rigor de la resistencia. Supliqué, ya festivo, ya medroso, ya humilde, que me dejasen pasar tareas que destinaba a tan honestos fines; y puse todas las atenciones que me parecieron precisas para esconderme del nublado de sus insolencias.

»Pues, Quevedo de mi alma, esta perversa turba, sin respetar en mí su naturaleza y religión, ha escupido a mi inocencia las invectivas más acres que se pudieran arrojar contra un luterano; pues en treinta y dos libros, que se componen de más de doscientos pliegos, han impreso y mil veces repetido cuantas maldiciones pudieran verter contra toda la confusión de los herejes que hasta hoy han perseguido la Iglesia. A mí me han llamado ladrón (que viví hurtando en una tropa de gitanos; y que si no me hubiera escondido en Portugal, me hubieran ahorcado en la plaza de Salamanca, como a Joaquinillo, el más famoso ratero, en la de Madrid), desvergonzado, indigno en las costumbres, tizón del infierno, blasfemo, lujurioso, pícaro, villano, bailarín alquilado, alcoranista, calvinista, luterano, hereje, sopón, sayón y otras innumerables injurias que se han eternizado en el bronce de la prensa (que no te las refiero, no porque me altere ni asuste su repetición, sino es por no escandalizarte el juicio). En fin, no está seca la tinta de una sátira, cuando ya se está tirando otra a mi nacimiento, nombre, costumbres y obras, levantándolas mil testimonios, juzgando decisivamente en su fealdad o hermosura, cuando ninguno de ellos la sabe mirar a la cara, porque tienen los ojos calzados al revés, y el juicio lo de dentro afuera. Muchas calderadas de oprobios ardiendo han vertido sobre mí; pero hasta ahora, gracias a Dios, ninguna me ha caldeado la conformidad.

»Ahora, glorioso muerto mío, deseo que me digas, pues sabes mejor que los vivientes los estatutos de la naturaleza y de la gracia, si semejantes voces se pueden oír sin escándalo entre turcos, moros, herejes y judíos. Pues en la secta más libre creo que sus individuos se guardan y mantienen la buena opinión que cada uno se supo adquirir, y que castigan al que se la intenta rebajar. Y en cualquiera poblado de racionales al ladrón le ahorcan, al lujurioso le encierran, y al blasfemo lo esconden. Pues digo yo, si lo soy o lo fui, ¿cómo la justicia de la tierra ha dejado tanto horror de maldades sin azote, siendo tan públicas, que las han oído las gentes más apartadas y las han gritado en carteles las esquinas, a voces los papeles y a rabiosos alaridos los hombres? Si no lo soy, ¿cómo se consienten libres racionales tan ponzoñosos? ¿Cómo la misma justicia permite suelto al inocente y no manda recoger a los falsos acusadores? En la ley de Dios yo sé que es grave pecado decir o ejecutar contra el prójimo, y sus delitos públicos o secretos me los mandan cubrir la justicia y la caridad; y solo me pasa como culpa leve una graciosa conversación de las irregularidades de la persona en lo mecánico de los miembros. Y toda esta doctrina que yo como de fe guardaba en mi corazón, me la tienen atormentada y barajada esta infame muchedumbre de satíricos mordaces; porque yo oigo y leo en sus papeles que al cristiano le llaman judío, al católico hereje y al contenido ladrón; y viven tan agradecidos a su conciencia, como si sacaran un ánima del purgatorio. Y esta murmuración no la deben de tener por pecaminosa, porque a mí me han dicho repetidas veces que soy hereje, ladrón, lujurioso; y ninguno me ha pedido licencia para escribirlo, ni ha satisfecho a Dios con la diligencia que previenen sus justos mandamientos. Por Jesucristo crucificado, te ruego que me digas si esta materia admite alguna ampliación; pues según por acá se trata, parece que se ha borrado del catálogo de los delitos éste que siempre concebí por el más infame.

—Calla —me dijo Quevedo, todo asombrado—; que no son católicos, ni racionales, ni aun brutos, los que con tal horror se ensangrientan en su especie, pues la más torpe de las fieras guarda en su instinto el amor a sus semejantes. Los que tal ejecutan no son hombres; son demonios, que con sayo de racionales aborrecen y despedazan el linaje de los profesores de Jesucristo. Y si lo son, viven despedidos del reino de Dios; pues se abandonan de su justicia y de su gloria, y no les pasa por la imaginación la eternidad. Son malditos, ignorantes, que estudian solo la ciencia de su condenación; pues quien conserva en sus talentos fecundidad para infundir un tono de desolladas insolencias, mejor podrá discurrir y saber que en cada letra va firmando y confirmando la sentencia de precito. Nuestra sagrada ley es clarísima, y no contiene más precepto que amar a Dios y al prójimo; y este sistema fijó el Autor de la vida en el alma más ruda y precipitada, y en todo viviente racional dispuso capacísima blandura para imprimir estos elementos. Adiós, que no quiero ser testigo de tan bárbara obstinación —me dijo don Francisco, como huyendo de mí.

Y yo, agarrándome de sus brazos, le dije:

—No me dejes; que por ahora me es preciso que acabes de instruirte, y yo de informarte en las condiciones de estos malaventurados, para que conozcas cómo está la España y el estado en que la tienen los indignos ociosos que pisan este atrio.

Detuve a don Francisco, y le rogué que me atendiese.

Visión y visita séptima

Libreros de viejo, encubridores de sátiras e impresores a hurtadillas

Estábase paseando y recibiendo los olores de estos Plautos un hombrecillo ostra, tacaño de estatura y chivo de fisonomía; tan saltarín y bullicioso, que más parecía engendrado con azogue que con materia prima; los ojos puestos con pinzas y tan meñiques, que los dos cabían en el hueso de un abalorio. Poníase un dedo de un guante por gorra; una gorguera de un sayagués por capa, y aún le hacía roscas en la tierra. Era una tortuga en zancos, cucaracha con chinelas y escarabajo con chapines Cierto presumí que fuese figura de las Covachuelas que se había escapado a las Gradas; reparé que unas veces escuchaba atento a la conversación, otras ojeaba los ataúdes de los cuerpos muertos que están estrellados a la pared de San Felipe. Tanto se mecía y se volcaba, que me arrastró a la curiosidad su bullicio; y atisbando bien al hombre muñeca, ya le adiviné la persona, y le dije al venerable difunto:

—Éste es el renacuajo más perjudicial que consiente el mundo, y de éstos traga infinitos la Corte. Son encubridores de dicterios, padrinos de sátiras, ropavejeros de cartelones y alcahuetes de pasquines; pues contra la voluntad de Dios y del Rey mantienen lupanar de disoluciones, y viven de galantear los lujuriosos de murmuración. De modo que toma la pluma un insolente de los que dejamos en ese corro; y mojada en sangre, va formando una monstruosa furia, que desde las mantillas sale respirando soberbia, ira, envidia y la hinchada vanidad de su vicioso padre. Llega a los umbrales de estos ni bien impresores ni libreros, sino es mercachifles de ponzoña y amamantadores de hidras, y los ruega con el maldito parto; y se queda en casa como de limosna, dándose por muy servido su padre. Reconocen que la actividad de su veneno oculto reclamará deseosos; y porque no horrorice con su aspecto, la afeitan, la lavan y limpian en la prensa, y la mudan el apellido; y a la que debían marcar de libelo infamatorio, la imprimen Pax Christi, y sale al público sin que se le pueda averiguar la casta, dónde nació, dónde se bautizó, ni dónde vive; y con ella guiñan los lectores, desvirgan inocentes, y plagan de su ponzoña los talentos más bien humorados.

»El lector, como le ha costado el dinero y tal vez la solicitud (porque tienen encargada esta mercaduría, cueste lo que costare), y oír mal del vecino nunca fue ingrato a la oreja, la guarda más que un linajudo su pergamino; y así se cogen y se conservan en este tiempo contra el Rey, sus estatutos, sus ministros y generalmente contra todo hombre de buena fama y aplicación torpísimos libelos que sin duda se pudrieran en los estantes de estos malaventurados escribientes, si estos corredores no los sacaran a volar. Ésta es turba asalariada por el diablo, que solo sirven de emporcar linajes y pliegos, y pudiera citarse más de seiscientas sátiras que en diez años han rodado el reino por la conducción y perverso camino de estos hombres, contra la monarquía, los privados y doctores, y tan necias y sucias, que no contienen más deleite ni más pureza que la que de sí el vocabulario de los vagamundos refranistas. En este siglo con justa causa se esconden los graves y modestos escritores, pues al que sale le reciben aullando los perros rabiosos que buscan la sanidad de los ingenios para encarnarle venenosas dentelladas.

—Dios ha consentido en toda era estos y mayores escándalos. Pero ¡infeliz de aquél que mueve el escándalo! —dijo el difunto—. En mi tiempo muchos ociosos desde su mesa granizaban de sátiras la Corte; y dirigían la piedra a las mayores alturas, valiéndose del vulgar impulso del Perico y Marica y de la fuerza del numen poético para hacer más sensible e imprevisivo el golpe. Pero jamás llegaron al peligro de la imprenta, porque los contenía, ya que no el rigor del cielo, la justicia de la tierra. Rodaba manuscrito el dicterio, los traslados o se rompían o enojaban, y en poco tiempo ya estaba olvidada y aborrecida la mordacidad. Pero entregarlos a la prensa, que inmortaliza, es maldad digna del castigo y el enojo, y nunca vi tan libres libelos en lo desordenado de mi edad. Y no quiero creer que esta soltura se tolere en las leyes humanas, cuando contiene medicinas preservativas para detener tan aguda peste.

—Azotes determinados recetan a esta corrupción los sabios médicos de la jurisprudencia; pero como es más la poderosa avaricia que el miedo, se arrojan a la ofensa, y encubren con la novedad de otro delito la primera injuria, pues fingen y suponen licencias y permisiones falsas del Real Consejo (porque se usan aprobantes anónimos), como podré justificar en varios papeles contra mi aplicación, y aun podrá acreditar sin mi testimonio quien los haya repasado, pues un tribunal tan justo nunca pudiera permitir que se paseasen con libertad por los reinos tan insolentes calumnias.

—Suspende la voz, que me horrorizan tus verdades —me dijo el difunto.

—Callaré —respondí—, porque deseo tu atenta conformidad para las visitas que nos faltan que hacer y las visiones de quien tendremos que reír.

Visión y visita octava

De los escritores que comen y visten de blasfemar

Bajando la escalerilla opuesta a la que habíamos subido, venía a par de mí el difunto sabio, santiguándose y maldiciendo a la especie de encuadernadores de sátiras, cuando de tropel vimos bajar un montón de monigotes de todos trajes, rotos, tristes, hambrientos y mal acondicionados.

Díjele a Quevedo:

—Toda esta turba de desfarrapados son unos mendigos que piden limosna a mi crédito para su estómago. Yo soy su mercancía, y me venden mis pecados, como las gorronas los suyos; y cuando vivo con una dieta moral y con templanza en mis delirios, le roban sus culpas al Mal Ladrón o a Pedro Ponce, y las venden por mías; que el vulgo, como le mantengan de sacrilegios, no se detiene en examinar al autor. Atiende, y te explicaré en el destino de aquella vieja visión que se ha quedado en el atrio la secta de ésos que ya se han ocultado de nuestra vista.

Estaba deteniendo un armario de libros, echando a perder uno en que leía, rodeado de papel como cohete, un viejo enjuto como hueso de dátil, flaco como propósito de puta, y seguido como yo perseguido. Mirado de perfil, parecía su cara el lomo de un lechón magro y cerdudo; visto frente a frente, tenía cara de mula descarnada y caudalosa; y por todos lados era la más mala bestia de los brutos. Vestía un casacón entre rústico y político, de limiste de Galicia, y chupasotana apuntalada con zoquetes de barragán de tumbas, que los químicos llaman panno exequiarum y nosotros bayeta de lutos; su corbata, que sobre tener los costados de rodilla, era de lienzo más crudo que una libra de cerezas garrafales; espadín cargado de contera, con su puño de metal de jeringas y una esparraguera por peluca.

—Esta visión —le dije a mi difunto— es de las más abominables que espantan la Corte. Es uno de los pordioseros a quien socorre la piedad del Hospicio con un mendrugo de vaca, un chisguete de pan y un tarazón de vino. Y para arroparse y pagar el jergón que le recibe en los Caños del Peral ha tomado el oficio de sastre de esquinas y embarrador de paredones, pues vive de fijar cartapacios para reclamar ociosos al teatro de su fría disolución; y con las satirillas que representa, las dedicatorias que le pagan, y las chuflas con que miente, junta algunos ochavos, y los cambia por los contagiosos balandranes que se hacinan ahorcados en la calle de la Sal, y sale vestido de mortorio y marimanta entre gallego y Parce mihi. Éste y toda esa gurullada de desnudos ruegan a Dios continuamente por mi salud y por mis vicios; pues el día que amanezca yo muerto o enmendado, ellos morirán de hambre, y este vejete andará en cueros como el vino. Ya los padres ponen a los hijos a blasfemos como a albañiles, y éste es oficio nuevo como el de comadrones, y con especialidad al hablar mal de mí se vende con estimación, y las jácaras de la vida de Torres se despachan con más crédito que si fueran medallas de Roma.

»Ya católicamente te he informado de los medios con que afanan los que desean la gloria de sabios en mi edad, y te los he referido con la consideración de que me está escuchando quien me penetra lo más oculto de mis aprehensiones y discursos. Y así te repito con verdad que en esta era ninguno trabaja para aumentar la honra y gloria de Dios ni el provecho de sus hijos; y no te niego que logra nuestra España sabios, discretos y eruditos varones, pero son pocos, y viven escondidos y negados por no exponerse al rencor de tanta copia de bárbaros que estudian en sofocar su buena fama y doctrina, y esperan a morirse para dar al público los provechosos testimonios de su erudición (que el terreno español suele honrar una vez en la vida y otra en la muerte a sus contenidos).

—Todo cuanto vi en las visitas pasadas y me has mostrado en éstas son vicios de hombres —dijo Quevedo—, y yo no dudo de la humana naturaleza, conforme se va moviendo hacia el fin, vaya descayendo en la virtud y aumentándose en los delitos. Pero este desorden tan abominable no es de hombres; y si lo son, traen el sayo de condenados en vida, o son demonios repartidos por Lucifer para acabar con el mundo antes de su determinado fin. Tenles lástima, y pide a Dios que les dé a conocer el delito para que bien meditada su deformidad, hagan la religiosa diligencia que puede habilitarlos para el perdón.

Visión y visita nona

De las mujeres que traen hábitos de san Antonio

Ya estábamos al tragadero de la calle de las Postas, cuando pasó (viniendo por el lado contrario al nuestro), atropellándome la atención, una muchacha de diez y nueve a veinte años, sin pelo de barba, rubia como el Sol, y tan alba como si se hubiera jabelgado el rostro con auroras. Era un tarazón del cielo y un pedazo del primer móvil; venía arrullando las estrellas de sus ojos en el epiciclo de sus pestañas, impresionando con cada vuelco una vida a la tentación más difunta y una muerte al más firme propósito de nunca más pecar; arrullaba toda la hermosa máquina de su cuerpo sobre las chinelas de terciopelo azul, que eran el ártico y antártico en donde se revolcaban los ojos más tardos, y se mecían los deseos más rebeldes; no pasaba albedrío a quien no diese un trasquilón, ni alma a quien no intimase un sepancuantos de cautividad. Era la muchacha (para poseída con licencia de Dios) un pellizco de la bienaventuranza, porque vertía fruiciones y porfiaba halagos con cada guiñadura.

Cortóle el paso un mozalbete de los que convidan a fruta y a sopapos; enfaldado de persona, rollizo de gambas, con dos corcovas por pantorrillas, acedo de semblante, derribado de cejas, turbio de ojos, y el rostro amusco y salpicado con grasa de cisco; su sombrero atusado de alas, como bacinilla de demandante; casaca de dos faldones a lo sambenito, capa esclavina que le besaba los ijares; y debajo del sobaco traía abrigada la chica y la grande, que así llama a la espada y la daga el calepino de los pícaros. Encendióse el mozoyesca a los primeros relámpagos del aire de la chula; le hizo cenizas el juicio, y desmayado en valor del alma, quedó sin reparo para la tempestad. Empezaron los terremotos de bragueta; subióse al hígado el vapor de la lujuria; los ojos de la niña le menudeaban los sahumerios; a la daifa le sobraba el azogue, conque el pobre diablo empezó a babear por todas sus coyunturas, plagado de toda la rabia de Venus. Ya zarrapastroso de palabras, tartamudo de voces y zurdo de acciones, dándole una puñada al sombrerillo y un paso más hacia la moza, asido de la mantilla, la requebró así en el castellano de los truhanes:

—Ea, perla, que haces viso. Más chica o más alta, la podrá haber; pero más penosa ni más chocante, es mentira. Ea, mi alma y mi tú, mira si quieres que trabaje algún araño, que por agradar a tus clisos se hará lo imposible. Ea, ipenas!, que me matara yo ahora —y con otro tropel de blandos estribillos que solo sirven de agradable música a la torpeza.

Ella procuraba tenderle guiñaduras suaves, regaladas risas, suspiros astutos; y con esperezos mentirosos se abría de brazos para que registrase más de lo que podían ver sus ojos. Concertóse por señas el pecado, tocó Venus a engendrar; y ella, bailando al son de su impuro bullicio, dio un rehurto al cuerpo con que vino a quedar a las ancas del ganchoso; y él con pasos de cofradía, a lo columpio, guió camino del infierno. Es verdad que mi atención se había zahullido y revolcado en los afectuosos meneos de la chula; y notando en el ceño del difunto que había conocido la brutalidad de la delectación, antes que sus labios me hiciesen más terrible la culpa, así le disimulé mis pensamientos:

—Estoy no poco suspenso y admirado; porque viniendo, como dices, a ver las novedades de este siglo, no me preguntas por ésta, que pide alguna curiosidad y atención. Repara, antes que se nos pierda de vista, en el ropaje que lleva esa muchacha.

—Ya le vi —acudió Quevedo—; y me hubiera parecido aseado y decente, si los briales tocaran más en el zapato. ¡Siempre han de descubrir la caca! En mi tiempo nos enseñaban los hombros, y ahora las canillas; pero como te he dicho, viven hoy más decentes y menos reclamadores de apetitos, porque ahora ya se visten todas, y entonces andaban medio desnudas. Y debo advertirte que éste no es reparo considerable, y que es locura presumir que es la disposición de sus arreos la que despierta los apetitos; pues aunque se vistan de sayales y esteras, siempre agradarán al hombre y él a ellas, porque así está dispuesto por Dios; y este daño no está en su ropa, sino es en su carne y en la nuestra, y en que ni nosotros ni sus mercedes se paran en la consideración católica.

»La honestidad consiste en la pureza de las voces y la medida de los movimientos: no estriba en que el vestido sea colorado o pajizo, talar o rabón. Este orden o escándalo no tiene regla determinada ni coto cierto. Y así enmiende cada una y esconda aquella libertad o aseo en que presume algún peligro en los ojos de los que la han de ver, y vivirá sin nota. Conque ni esta soltura ni el que yo haya advertido alguna disolución, es desconcierto reparable; porque desde que hay mundo, hay deseos, concupiscencias y lujuria, que ésta nunca falta aun en los órganos más enfermos. Aquel color ceniciento, imitando en las flexibilidades de la seda el burdo sayal que vistió el Serafín Francisco, honra y gloria de nuestra religión, ni aquella cuerda de rico torzal, que suple por el cáñamo con que hoy se oprimen sus santos hijos, tampoco es cosa que pide notable consideración; porque en mi tiempo lo vistieron muchas, y ya por voto, promesa, necesidad, antojo o devoción no había dama vieja ni moza que no fuese camandulera. Y así, amigo, vamos a otra parte; que esto importa poco.

—Si, cuando se despojaron de los colores subidos y delicados de las sedas, se cercenaran también de sus antojos y apetitos, fuera más agradable a Dios su mudanza —dije yo—. Pero ¿qué importa que vistan un hábito bueno si se quedan con otros muy malos? ¿Qué hacemos (aun para el mundo político y economía de su casa)? ¿Que se moderen en lo costoso de las telas, si han hecho gala en añadir mayor caudal en flores, piedras y puntas? Y en fin, como tú dices, no es éste desorden tan reparable; y aunque lo es, no añade novedad ni malicia al de tu siglo. Lo que yo te aseguro que no verías en tu edad, es lo que hoy hacen estas donas de la Corte. Tienen un marido, sin licencia de Dios ni del vicario; éste hace alguna ausencia, y luego se visten ellas estos hábitos; compran una estampa de San Antonio, abogado de las cosas perdidas, y le encienden un candil, que está ardiendo hasta que vuelve el demonio del marido; y así se encomiendan a Dios para que las lleve el diablo, y hacen a los santos agentes de sus pecados mortales; y tácitamente piden a Dios que las deje entretenerse contra su santa ley y justicia; y esta promesa es tan vulgar y sabida, que en viendo vela o candil ardiendo delante de la estampa, los pisaverdes que frecuentan sus cuartos ya saben que allí hay cachimarido que paga por todos.

—Locura es digna de reprehensión, y escándalo que debía remediarse —dijo Quevedo—; y no llegó a tanto la necedad de mi siglo, que ese desorden no merece otro título; que si advirtieran la gravedad de ese pecado, no le hicieran. Y así creo que eso pasará entre cuatro mujercillas que rompen la vida en ese vicio; y no puedo creer que las que han logrado buena crianza, tropiecen en tan conocida torpeza; y débanme este buen juicio las mujeres de distinción y cristiandad.

Visión y visita décima

De los soplones, escribientes y ministros

Dulcemente suspenso iba escuchando con vehementísima atención las prudentes razones del sabio difunto, cuando advertí que con pasos de diligencia extraordinaria venía detrás de nosotros un hombrecillo entre persona y títere, mona con golilla, ratón con capa y renacuajo con bigotes; figura en que se dejaba ver la humanidad como en un mapa, escarabajo de nuestra especie; animal de retoño, como melón; hombre de falda, como perro, personilla de faltriquera, como pistola; tan tímido de estatura, que cualquiera le metería en un puño; y, en fin, tan corto, tan breve y tan diminuto como pie de dama en pluma de poeta. Nunca jamás se vio hombre tan poco. Era, no obstante, muy ruidoso de acciones; traía en gresca los sentidos, en barahúnda todos los miembros, con flujo de ademanes, y moviéndose hacia todos lados con inquietud traviesa, orgullosa y desordenada. Era Peralvillo de una capa de bayeta, más descolorida que el temor y más rasa que soldado, cuya circunferencia se iba derritiendo en diez mil hilachos; no era de mejor fortuna el sombrero, cuyo forro se miraba colicuado en hebras; y todo él era un chisgarabís cercado de arrapiezos. Tardó muy poco tiempo en adelantarse a nosotros, porque llevaba pasos de mala nueva; y luego que mi sabio difunto reparó en su figura, le dije:

—¿Ves esa sabandija cuyo cuerpo cuasi se desvanece en su pequeñez y movimiento? Pues sabe que tiene un buen empleo, y que pudiera traer más bien acondicionado el vestido, si no se bebiera por arrobas todo su trabajo. Ése tiene su mayorazgo en la boca.

—¿Pues es saludador? —acudió don Francisco.

—No, discreto mío —le respondí—. Algo tiene de lo que dices; pero sabe que es podenco de delitos, hurón de maldades, perdiguero de culpas, buzo de picardías y Colón de los más ocultos deslices. No hay cosa en la Corte que se esconda a su perspicacia, nada se puede emboscar a su advertencia, y todo está sujeto a los ojos de su maligna observancia. En todas partes se introduce, se para en los cantones, mézclase en las pláticas, ingiérese en los corrillos sin dejar caer sus orejas palabra alguna en la boca de los circunstantes. Éste, en fin, es soplón de continuo; y cuando es menester para alguna probanza, se alquila también para testigo falso. Ten cuenta, sabio mío, y observa el rumbo que va siguiendo, y verás adónde se encamina con pasos tan veloces.

Procuramos no perderlo de vista, y a breve rato advertimos que se había enjaulado en uno de los oficios de Provincia.

—Mira —le dije a don Francisco— cuál ha sido el término de su presurosa solicitud, y si ya te van desengañando tus mismos ojos en la correspondencia que tiene lo que acabas de ver con lo que acabaste de oír.

No habían corrido muchos instantes, cuando salió el cachivache, ventor de delincuentes, hinchendo las orejas de un alguacil fantasma, más largo que arenga de pobre impertinente y más seguido que opinión relajada.

—Ya has visto —le dije a mi discreto— a la luz más copiosa lo que antes te informaba mi relación.

A este tiempo llegamos a emparejar con la puerta de la zahúrda de donde se habían desembocado los dos perillanes, en la cual estaba el escribano sacando con su pesadez gemidos a una silla; el escribiente en un trozo de banco, repartiéndole una tajada a otro alguacil, que sin duda estaría esperando el viento para hacerse a la vela.

—Buen triunvirato —le dije a mi difunto— para fundar una descalcez. Tan buenos son, que ya el diablo no los quiere, porque añaden hedor al mismo infierno; y si ellos no se fueran allá, yo creo que habían de andar sus almas sin tener quien las recibiese.

—En mi edad —añadió don Francisco— padecía en estos sujetos la misma relajación que quieres significar en la tuya. Siempre se empleó en este género de vida la gente más desalmada de los pueblos; nunca en hombres de este oficio se conoció linaje de piedad cristiana, celo de la pública quietud, rastro de verdad ni sombra de justicia. Todas sus diligencias fueron para agasajar al interés, para hacerle halagos a la codicia, para poner a la pública tranquilidad a los pies de los ídolos de sus deseos. Yo no solo escribí, mas troné furiosamente contra estos hijos de perdición en varias partes de mis obras, que tú habrás visto, como tan amante de ellas; y siempre juzgué que sus iniquidades excedían en muchos grados a mis invectivas.

—¡Ay, discreto mío! —le dije—; que después acá han hecho grandes progresos estas gentes. En la filosofía picaril está muy adelantada la facultad de condenarse. Aquel rapagón que viste en el oficio en la tarea de escribiente se está ensayando para demonio. Lo que sucede con él y los de su calaña es que sus padres gastan el dinero y el cuidado en que frecuenten la escuela para que los enseñen a leer y escribir; y luego que salen de este discipulado, los empujan a un oficio de éstos, figurándose el que por estos escalones pueden subir a ser afortunados y, como dicen comúnmente, saldrán buenos pendolistas. Ellos poco a poco se van instruyendo en las artes de la compañía, bañan su espíritu en las iniquidades, van empapándose en infamias; pégaseles el contagio de lo codicioso, la lepra de falsos, la sarna de impíos y todas las malas costumbres con las cuales tratan familiarmente. Aquellos ratos que pueden sisar del manejo de la pluma, procuran llenarlos con infames diligencias; métense a telescopios, por los cuales los escribanos y los alguaciles registran los delitos más ocultos; ojean las acciones más retiradas; y ándanse a manera de moscas, buscando las llagas de la república en homicidas, ladrones, pendencieros y fornicarios. Y luego acuden a sus escribanos, cada cual al suyo, con la gaceta de desórdenes, porque a todos les está bien el ir amasando la causa. Éstos son aprendices de condenados y peones de diablos, y en estas oficinas corren sus caravanas para el infierno.

»De estos materiales se forman los que llaman señores secretarios y escribanos; aquí aprenden a medir los delitos en el proceso con la liberalidad o la bolsa del delincuente, a arrendar testigos de mala fee, a dejar en lo que escriben ventanas para escapar al reo, como éste procure contentar su insaciable codicia, y a otras castas de perversidad de que usan sus maestros, diablos mayores de la jerarquía infernal. En los alguaciles ha llegado a comunicar toda su ponzoña la malicia: muchos de ellos, con el hermoso manto de corregir las costumbres y purgar la Corte de los malos humores de las putas, andan detrás de ellas; y en vez de ir cerrando tiendas de pecados mortales, las mantienen en este género de vida, tributándoles éstas alguna porción de la infame ganancia, y avisándolos ellas también la condición del marchante para que cogido en el hurto carnal, pague el portazgo, y le cobran la alcabala del deleite. El que quiere en Madrid desahogar su lujuria, entra, lo primero, haciendo la cuenta con el ministro, diciendo: 'Al Alguacil veinte, a la alcahueta cuatro, a la criada dos y a la puta ocho.' Y con este gasto y el de la humanidad y conciencia, que éstos son irreparables, llueven compradores a los burdeles. Punto en éste que se aventaja a toda ponderación; y como

Dios quiera que tú vuelvas a aparecerte por acá, yo te pondré patente la abominable corrupción de estos hombres, y te referiré acerca de ellos una novedad que, siendo verdadera, no tiene el semblante de creíble.

Escondiendo y recatándole muchas torpezas al venerable difunto (porque no tengo licencia para decir todo lo que he visto en los pocos meses que he rodado la Corte), venía yo hablando con medias palabras, explicando con las manos y las voces de los ojos lo que no podía con la lengua, cuando cortándome el hilo de la conversación antecedente, me preguntó:

—Dime, ¿cuál es el motivo de haber tantas casas nuevas y tan magníficas en la Corte? Porque he visto en los pocos barrios por donde me has encaminado muchas de soberbia estatura, que exceden en grandeza y elevación a las más costosas de mi tiempo; y en él aún no podía el monarca contribuir para tales excesos, y sin duda ahora debe de ser accesible a cualquiera hombre emprehender y costear tales fábricas.

—Yo no sé de eso —le respondí al difunto—; solo te puedo asegurar que desde el principio de este siglo, que tasadamente tiene corridos veinte y ocho años, exceden las casas fabricadas en él al número de las que antes componían la Corte, y que conozco hombres bien pequeños que han hecho casas muy altas. Por estos barrios hay pocas. Si me hubieras avisado cuando íbamos haciendo las primeras visitas, yo te hiciera entrar y ver algunas, y te contara su historia; pero a bien que no será ésta la última aparición. Dejemos este punto, y vamos prosiguiendo nuestras estaciones; que yo espero que hemos de hacer parada en alguna que te dé notable gusto.

Visión y visita undécima

Seminario de Nobles de la Compañía de Jesús

Ya habíamos pasado el Colegio Imperial, cuando me acordé que dejaba en sus claustros la visita de más considerable atención. Díjele al difunto mi descuido, y le rogué que volviese a dar algunos pasos atrás, porque le faltaba que ver lo que únicamente le podía desenojar y templar el dolor y sentimiento de las relajaciones pasadas. Así lo hizo, y entramos por la puerta del Colegio al Seminario; y vista su docta arquitectura, le guié a las aulas, en donde con novedad se enseñaban las ciencias. Desde el ángulo, sin tocar los umbrales, reconocimos una pieza en cuadratura, de proporcionada cavidad, limpia y sin otro aderezo ni adorno que una bien meditada y distribuida disposición de bancos y mesas, para que sin trabajo trabajasen los maestros y oyentes.

Nos acercamos otro paso más, y descubrimos en su cátedra un venerable jesuita, varón respetuoso, mortificado de semblante y extático de aspecto; tan blanco como si la naturaleza se hubiese detenido en darle baños de alabastro, aunque las pisadas de la edad y el trillo de la rueda religiosa le habían ensuciado la nieve del rostro. Pero la niebla de la palidez, aunque escondía la blancura, no la negaba; pues a un tiempo se descubría en su semblante la gracia del natural y la gloria de la devoción. Predicaba la juiciosa seriedad de su disposición halagüeñas caricias a la virtud, y reñía las desenvolturas al vicio. A sus ojos los gobernaba la pausa de la religiosa costumbre, y no la libertad de la naturaleza, graduando sus acciones y movimientos con matemática católica. Con el silencio informaba modestia, y de sus labios destilaba arroyos de humildad y sabiduría. En su figura, finalmente, se señalaban cualidades de extranjero, y en su ánimo condiciones de peregrino.

Estaban sorbiendo las dulzuras de su elocuencia y erudición varios jóvenes de los que remite la naturaleza a las regaladas mantillas, les presta padre noble, crianza suave, y envía dispuestos a la humana felicidad. Vestían trajes honestos, limpios y cortesanos; y a lo trágico del color alegraba una banda de color de fuego, y en la parte anterior, vaciada de hilos de oro, la mayor venera de las veneras y las veneraciones, el hábito más probado, la joya de mejores quilates, un Jesús, que así digo cuanto quiero explicar. Cada joven parecía haber costado nuevo estudio a la naturaleza: no era de los que

115

arrempuja de montón al mundo, sino de aquéllos que labra con atención cuidadosa su sabiduría; los rostros apacibles y agradables, y la arquitectura de los miembros discretamente proporcionada. Tan persuasiva era la pintura del letargo, que yo me creía despierto; y me miraba cosido al marco de la puerta, oyendo con incansable atención la sabrosa elocuencia del jesuita maestro, y que se levantó de su cátedra a mandarme cortés que pasase al interior del aula. Y reconociéndome indigno de ocupar el más atrasado de los lugares, me excusé con una reverencia humilde; y desde el umbral oía la viveza con que explicaba la Proposición 32 del Euclides.

Detenidos un breve rato, me tiró de la capa el difunto, y me dijo:

—Vamos a ver otra mansión, que sobradamente estoy informado del estudio que en ésta se fatiga.

E inclinando la cabeza, me despedí del padre. Saltamos dos o tres salones; y detenidos en otro umbral, vimos otra pieza de la misma figura, disposición, adorno y simetría que el pasado. El varón que dictaba, y los oyentes que escribían, eran tan parecidos a los antecedentes, que consentí (dando paso en mi idea por el interior de las aulas) que se habían mudado los bancos y las personas. Retiré el paso a buscar otra mansión; y el difunto sabio, leyéndome el discurso, dijo:

—Espera, necio, y advierte que estamos ya con distintos oyentes y maestro. Los padres de esta sagrada Religión no se diferencian sino es en las estaturas; en lo demás son tan unos, que no los puede distinguir el cuidado más atento. La modestia, el agrado, la política y otras virtudes son dones comunes que igualmente los gozan todos; y así como están vestidos de una misma ropa, así viven ilustrados de unas proprias costumbres y modelos, porque estudian y se detienen en la observancia de este recoleto estilo, y en cada uno se contienen virtualmente todos. Lo contenido en todos se reconoce en cada uno; y, afecto más o menos, visto un padre, está reconocida toda la generación religiosa. Y para que salgas de la duda, atiende al argumento que está explicando ese docto, y conocerás en su tratado la distinción.

Escuché cuidadoso, y en lo facultativo de las voces conocí ser cuestión teológica moral la que procura persuadir a sus oyentes. Aparté luego a mi finado, y le dije:

—No hay que detenernos en visitar más estancias, pues el informe mío te puede servir de visita; y ya examinados estos dos salones, verás con la atención los que nos faltan que reconocer.

»Ésta es la gloriosa universidad de las Españas, el seminario de ciencias y virtudes, y el taller en donde se abultan deidades los que entraron troncos. Desde el memorable día en que se puso en movimiento esta maravillosa máquina, se puede llamar feliz, cristiana, política y gloriosa la Corte, y menos inculta la nación; pues en su caudalosa fuente beben sus moradores en copiosos raudales la sabrosa dulzura de la erudición. Los nobles cortesanos criaban a sus hijos delicados, ignorantes y libres: por el amor a su salud y a sus deleites les permitían el ocio y el vicio, y en las manos de esta desventurada y perniciosa lástima crecían fieras los racionales. El que más deseaba la educación de su hijo heredero era quien lo entregaba a la superficial doctrina de un monago, aprendiz de cura, que con ser lechón de sotana, sucio de guedejas, moribundo de ojos y amortajado de persona, se gradúa de docto in utroque en la universidad de la sencillez, siendo los más de éstos hipócritas finos, que falsamente pasan por cuidado de la enseñanza el apetito de su interés. No hacen cortesía que no sea una embestidura; su humildad, reverencias y derribamientos son genuflexiones a las capellanías de la casa y humazos de incienso a la ración; hombres pagados para extraviar a los que debían poner en la carrera de la bienaventuranza. El temor de no enojar al señorito los enfrena el gobierno de sus antojos, y aun se ponen de parte de sus viciosas inclinaciones. Porque no llore el niño, dejan verter lágrimas a su conciencia. El padre, la madre, criado y criadas son enemigos mortales de la educación. Si no dan en los brazos de un celoso, atento a la salud de su alma y verdadero maldiciente del oro, se crían fieras, viven bárbaros, mueren precipitados en la obstinación de sus gustos. El que se encarga de una religiosa educación se ha de desnudar de sus afectos y temores. No debe obedecer al padre ni a la madre, sino a su justicia y a la moralidad de las virtudes (defenderlas con ceño y comunicarlas con cariño); que de otra suerte son más verdugos que maestros, más delincuentes que jueces, y más diablos que consejeros. Hasta hoy ha vivido debajo del poder de esta tiranía la nobleza de los españoles bien nacidos. A empujones les enseñaban el alfabeto castellano, y el más instruido a los veinte años burrajeaba la gramática latina. Ya se desnudan de sus hijos, y los adoptan a estos padres menos cariñosos, más temidos y más dedicados a la vida de su salvación y a la cultura de sus costumbres.

»No te puedo negar, difunto de mi alma, que hay en la España insignes universidades en donde pueden instruirse y han adelantado en toda especie de letras los nobles mancebos. Pero créeme que no son tan seguras ni tan provechosas. Los viajes a la universidad son huelga, perdición de los días y el dinero; y estando en ella, desbaratan todo lo posible de perder. Allí viven sin padre a quien respetar, sin juez a quien temer, y sin maestro a quien acudir. Hállase muy suyo el joven, redondeado de todos los temores, con una voluntad cerril, con monedas y dueño de la posada. Como vive sin padre ni maestro, lo primero que hace es hacerse padre maestro de la disolución: busca la compañía que le aconseja el apetito más dominante; derrama el día en las casas de las gorronas y en las mesas de trucos. En todo el año asiste seis o siete días a la universidad, y no va a leer, ni a escribir ni a repasar, sino es a zumbar los nuevos, a romper la sotana y a torearse con otros; y, últimamente, a hacer burla y escarnio del maestro, pues desde los bancos le gritan, le mofan, le zumban y le irritan, sin dejarle dictar ni cumplir su obligación. Ésta es la vida de las escuelas; y en volviéndose a su casa, lleva menos vergüenza, ningún dinero y muchos vicios, especialmente el del juego de los naipes y el de las gorronas; que para la enseñanza del uno y el otro sobran maestros y maestras en la universidad más breve y más estrecha.

»Yo las vi más mozo, y en las más acreditadas y excelentes noté los desórdenes más considerables, grave ignorancia, poca ciencia y mucho vicio. Las menos escandalosas son las que tienen menos créditos de insignes, porque no es tanta la confusión, más el ejercicio, y los maestros viven más venerados. Deplorable es esta perdición; pero te aseguro que tienen peor condición y más indisculpables costumbres los viejos doctorados que los mancebos manteístas, porque el ansia a la cátedra, la agonía del grado, la furia a la prebenda, a la plaza y al obispado los hace blasfemar unos de otros, tratándose (sin temor de Dios, ni de su condenación) con crueldad en los informes, añadiéndose los unos a los otros sin pecados indignos a fin de contentar la vanidad de sus deseos. Cada uno es ceñudo fiscal del otro e incansable atalaya de su vida y costumbres, y todos se quieren matar y heredar los unos a los otros, siendo contrarios de sí mismos y de todo el linaje escolástico. Aquellas losas respiran ambición, rencor, vanidad y sabiduría loca. En lo mecánico de sus rentas, distribuciones y otros negocios claustrales son tantas y de tal calaña las quimeras que se les ofrecen y levantan, que continuamente viven en perpetua tribulación; y tienen hecho hábito a las inquietudes, hijas de su soberbia y criadas en aquellas aulas en donde nunca han querido poner cátedra de humildad. Cada uno se considera más sabio y más prudente que el otro, y ésta es la raíz de los desconciertos y alteraciones.

»Yo, don Francisco de mi alma, soy un catedrático de la más excelente de las universidades, explico en ella las treinta y dos ciencias matemáticas, y he visto la disculpable flojedad y el reprehensible vicio de los mozos y la poca solicitud de los doctores. Las más cátedras se pasean, y hay maestros a quien no conocen los discípulos. Los religiosos van y vienen a las aulas, y los escolares suelen ignorar el general donde se dicta la profesión que van a ejercer. Bien sé yo que si me oyeran los demás catedráticos, me reñirían la soltura con que te estoy informando. Pero como tengo a mi favor la verdad, y por testigos a ellos mismos y al concurso de los estudiantes, me burlaría de su ceño. Y como yo logre que me visites, por la tuya sola despreciaré la compañía de todos los hombres, a sus bienes y a sus enseñanzas. ¡Ay, Quevedo! Si tú te aparecieras alguna vez por allá, yo te hiciera ver cosas que no imaginaste cuando vivo, ni podías presumir cuando difunto.

»Volviendo, pues, al primer propósito y reconocimiento de estas aulas, debes advertir que a sus horas determinadas acuden prontos diez y nueve jesuitas, que éstos públicamente dictan a todos todas las facultades y ciencias. Dos maestros enseñan la teología escolástica, otro la moral, y el otro el utilísimo estudio de los dogmas, la Escritura Sagrada, cánones, filosofía natural, artificial y moral; política e historias, en la misma conformidad y discreción, se explican a diferentes horas; las lenguas griega, francesa, hebraica; y, últimamente, el estudio de las matemáticas, a que había ayunado la España muchos años; y en mi universidad, especialmente hasta que yo fui, había un siglo que no la saludaban, y desde este tiempo no se encuentra por reliquia ni testimonio la lección de un maestro. En las demás universidades han estado y hoy están cerradas las puertas de estas aulas por faltar maestros y oyentes. A esta barbaridad ha llegado el presente siglo; y debes saber que siendo tan ignorada esta ciencia, solo han hecho memoria de sus demostraciones para vejarlas y blasfemarlas, como te dije. Y como yo he sido el más público profesor, he vivido, ¡pobre de mí!, siendo el yunque de los majaderos. Privadamente, a los caballeros seminaristas les enseñan maestros de otra ropa las habilidades cortesanas de danzar, tañer y esgrimir; y además de las lecciones públicas, tienen continuado ejercicio y repaso en sus aposentos, en donde viven recogidos y dedicados a estos estudios y a la frecuencia de las confesiones sacramentales y otras honestas y cristianas virtudes.

—Verdaderamente que si esta república escolástica, política y católica vive tan arreglada como dices, es el cielo de la tierra —me dijo el venerable, y prosiguió—: En mi tiempo la doctrina más cercana para los cortesanos florecía en ese lugar que llaman Alcalá, que no sé si dura. Allí había mucho ejercicio y adelantamiento en la física, teología y medicina.

—Alcalá, Quevedo de mi alma —acudí yo—, ahí anda, y ahora empieza a alentar, porque es universidad en mantillas; y como tú sabes, en los últimos años del cardenal Jiménez de Cisneros se engendró. Iba creciendo con hambre de ciencia en los pañales; y se llenó tanto, que enfermó, y aún no ha vuelto en sí del ahíto. Ahora se mantiene regoldando física adelantada, teología sin digerir y medicina obstruida; y nunca vivirá sana ni pura, porque los vapores de la Corte le tendrán siempre maciliento, cacoquimio y carcomido el buen color de su escolástica doctrinal, que ésta, no viviendo muy lejos de la política, se le pega el contagio de la libertad y engreimiento. Y ahora salgamos de aquí para hacer otras visitas, y por Dios que no me preguntes mucho; porque a mí me parece que ofendo a mi conciencia, si no te digo las verdades, puesto que vienes a saberlas. Y en mí es peligrosa y escandalosa la doctrina; porque luego me vale una sátira cada informe, y especialmente cuando he conversado con tu mortandad, pues ya me han tirado a los hocicos treinta pliegos impresos contra tu aparición y nuestro coloquio.

—Cumple tú, y tiren ellos —me dijo don Francisco—; que más te importa mi amistad que su adulación, y más mi ejemplo que su gusto.

—Eso es cierto —respondí—; y pues lo es, vamos, y deja por mi cuenta las verdades.

Visión y visita duodécima

De los prenderos y colchoneros de la calle de Toledo

Salí del Colegio Imperial con buen ánimo de hablar sólidas verdades al curioso muerto; y guiábalo hacia la plazuela de la Cebada para que viese los barberos de viejo y las tiendecillas de hierro, que son las mutaciones en aquel teatro, cuando antes de llegar a la parroquia de San Millán vimos a un hombre magro, cecial y seco como raíz de árbol, con la cara tan sucia, que parecía el suelo de un queso; la cabeza oprimida entre dos corcovas mayores que dos escriños de vendimiar, su coleto almidonado de melaza, sombrerillo de clérigo tunante con sus asomos de tafetán, capa a lo ministro de cuello cuadrado, y una vara torcida que la estaba dando la teta.

Díjele al difunto:

—¿Ves ese hombre que parece que no tiene aliento para hacer mal a un pollo? Pues más muertes tiene hechas que los pepinos, las saetas y los doctores; porque es hurón de héticos, corredor de moribundos y tunante de apestados. Mantiene en su casa tabardillos, asmas, viruelas y todos los males pestilentes en varios vestidos que tiene ahorcados en su portal. De modo que su casa es depósito de la ropa de los que mueren en los hospitales; y con ella va surtiendo la desnudez de Galicia y Asturias, cubriendo los desarropados que envían a la Corte aquellos países. Y a cada uno, en vez de remediarlo, le pega un contagión y le infunde una lepra. Y hay ropilla colgada en su tienda que ha enterrado a una docena de hombres, y se ha quedado con el puñal para matar a un regimiento.

Hasta aquí llegaba yo con mi informe y con deseo de decirle a don Francisco el pernicioso uso de las ropas por la codicia de estos revendedores, cuando una criada se llegó a mi tarima; y como si yo fuese oración de Santa Bárbara o campana de caloto, me dio dos gritos y otros tantos empujones, diciéndome que me levantase, que estaba tronando. Yo, impaciente de que me hubiese privado de la dulce tiranía del sueño y de la moralidad de lo soñado, me levanté con más pesadumbre que la del comerciante cuando se le va a fondo el navío. Mas luego me aquieté, considerando que todo lo remedia otra fantasía. Mientras sueño, es señal que duermo; y si duermo, no hay duda que como; y como yo coma, duerma y sueñe, yo me reiré de los que intentan quitarme el comer, dormir y soñar.

Amigos, éste es el sueño. No hay sino desandrajarlo y decirme otra vez (para que yo cuente treinta y cuatro) que soy judío, ladrón y borracho. Blasfemad de mí, que yo procuro ir pagando a todos, que no quiero deber nada a ruines. Si eres letrado, médico, comadrón o embudista, acude a las primeras Visiones, que allí tienes tu carta de pago. Si eres cocinero o escritor, sin salir de éstas hallarás la horma de tu zapato. Habla lo que quisieres, escribe lo que se te antoje; que yo todo lo escucho a pierna tendida. Yo escribo, como Dios manda, contra lo general de los vicios; tú escribes ofendiendo su justicia y su ley, despedazando los preceptos de la corrección. Yo vivo alegre, y hago risa de tus maldiciones; tú vives furioso y apesadumbrado de mi quietud. Seas quien fueres, ni te temo ni te he de contemplar. No deseo bien que está en tu mano; lo que Torres no pueda prestarme, no lo pido a otro. Las cátedras, las prebendas y todos los empleos son para mí peste de que huyo. Amo mucho a mi risa y a mi libertad; y sobre éstas no tienen jurisdicción tus labios, tu pluma ni tu poder. Y siempre te trataré como majadero vano, que quieres mandar en mis acciones sin acordarte que eres otro pobre necio como yo, que nos ha enviado Dios al mundo a cuidar cada uno de su vida y su salvación. La naturaleza no nos ha hecho pegados el uno al otro, ni ha puesto en tus manos lo que a mí me toca, por más que te lo persuada tu condición soberbia. Vive para ti y contigo, y lo demás déjalo al cuidado de cada uno. Adiós, amigo; y si te parecieran mal mis tareas, dame cuatro roncos, mientras yo te despojo la moneda con mis ronquidos; y desvélate en escribir, en tanto que yo vuelvo a echarme a soñar.

A los lectores diestros o zurdos, vanos
o rellenos, locos o cuerdos, sabios o
ignorantes; y a todo yente y viniente,
piante y mamante, que con ninguno me
ahorro.

Prólogo

¿Quién ha de entenderte? ¿Quién ha de contentarte? ¿Quién ha de tratar contigo, si eres un loco, soberbio, voluble sin pies ni cabeza, ni asiento aun en tus mismos gustos o deleites? ¿Quién había de atender a tus despro-

pósitos, vaciaduras y cachorradas sino yo, que soy otro botarate, casqui-
lucio y rebelde? De las primeras y segundas Visitas has hablado con más
infamia que Mahoma del tocino. Dijiste que mi ingenio era rústico, vulgar
y desenfadado; la locución la capitulaste de libre, descompuesta, sucia y
desordenada; y ahora dices que a Torres no se le puede negar el numen ni
lo corriente del estilo, y en tono de maestro bien intencionado (quedándote
un montón de suegras en el alma) dices que es lástima que se malogre
ingenio tan fecundo, y que por providencia se me debía obligar a seguir
argumentos más majestuosos. Majadero, tú no eres mi padre, mi abuelo,
mi guardián, mi rector, mi amo ni mi amigo para que yo te obedezca. Si
quieres que te sirva, susténtame; si deseas mandarme, vísteme; si quieres
ver libros gordos de cualquiera facultad, llégate a mí y muy cortés, urbano
y comedido ruégamelo, págame las impresiones, y regálame bien. Y si no,
¿por qué quieres que yo te sirva, te contemple y te dé gusto con perjuicio
de mi caudal y mi deleite? Mírate a ti y mírame a mí, y verás que ni tú tienes
razón para mandar tanto, ni yo motivo para obedecerte poco.

Para que veas que la crítica que haces a mis trabajos es maldición tuya
y no defecto mío, sosiégate un poco, y vamos a cuentas. Dime, hombre o
diablo, ¿no te puse en mi Viaje fantástico todos los sistemas filosóficos y
astronómicos? ¿No te di en El ermitaño y Torres todos los elementos de la
química y la crisopeya? ¿No te envié en las tres cartillas, Rústica, Eclesiástica
y Astrológica, los principios de estas facultades? ¿No te instruí en la Vida
natural y católica en todos los medios que debías elegir para vivir sano y sal-
varte, educidos de la teología moral y la física? ¿No te demostré el camino de
acabar feliz y religiosamente con la vida en mi Cátedra de morir? Finalmente,
¿no te cuento todos los años los movimientos, influjos e impresiones de las
estrellas en mis Pronósticos? Pues, bruto, ¿qué quieres?, ¿qué pides? ¿Cómo
he de agradarte si tienes un paladar tan desabrido y un espíritu tan ingrato,
que aborrece la ciencia natural, la política, la eclesiástica, la celeste y todos
los elementos útiles a la conservación del cuerpo y el alma? ¿Te escribe otro
autor coetáneo nuestro más asuntos ni más varios? Pues ¿a qué fin respiras
tantas blasfemias disfrazadas en disposiciones, lástimas y buenos deseos?

Acaba de conocerte, que tú eres el malo, el podrido y el maldiciente, y
el descontento fiscal de todo lo que no te toca ni te pertenece. Acuérdate

que en los primeros rasgos de mis prólogos te hablé humilde, cortesano y cobarde, siguiendo las huellas de los autores medrosos, acoquinados y encogidos que deseaban ganar tu aceptación, y solo sirvió mi abatimiento de dar más alas a tu insolencia. Ahora, pese a tu alma, me has de pagar aquellos desaires, y has de sufrir los porrazos de mi pluma. Y he de enviar a la prensa los argumentos, los asuntos y los disparates que más te enojen y te destemplen; y los he de escribir sin orden, regularidad ni cuidado, que para lo que tú entiendes, y te has merecido de cualquiera modo irán bien. Adiós, maldiciente, y aguárdame en el *Prólogo del Calendario*, que por ahora no quiero más Visitas contigo, ni con otras visiones que he dejado en el tintero. Pero puede ser que las saque a la vergüenza si me vuelves a hurgar la quietud. Y si las oculto, no creas que es respeto ni temor; porque ni a una reverencia ni a otra me tienes obligado. Dios me dé paz con todo el mundo y guerra contigo, porque más me vales desapasionado que afecto.

Introducción al sueño

En un sillón decrépito, medio desjarretado, manco del brazo izquierdo, con solo un zoquete por junto al hombro, de asiento regañón y crudo, suegro de rabadillas y Nerón de nalgas, estaba tirado una noche, espoleando al meollo y arreando a la fantasía a fin de poner las mentiras solemnes de mis pataratas astrológicas en la solfa de alguna metáfora apacible. Revolviendo me hallaba todas las navetas de mi caletre, el arca mental de mis retazos y el bolsón donde acostumbro guardar las herramientas de embelesar los necios, cuando (sin saber cómo) desbocándose la imaginación, se me disparó el pensamiento sin poderlo detener, hasta que dio con sus cavilaciones en la tempestad que padeció mi ropa en el viaje de Salamanca a la Corte. Empecé a discurrir sobre la maldita ventera que me mondó de camisas, medias y zarahuelles, y a representarme los chiquillos que se fabricaron veinte o treinta leguas de mi lujuria, embarrando con mocos de trasero el lienzo que yo gané en la greguería de las bolas y los compases. Consideraba que esta contingencia me tuvo entre los apestados de pleito, que en la barbería de los Bártulos y Donellos me raparon a navaja las faltriqueras, y que después de haberse bebido todo el aceite de mi bolsa unas lechuzas con golilla, me hallaba en la dura constitución de no tener una camisa que mudarme.

Convertíme a considerar el áspero desdén de mi suerte, la esterilidad de mi fatiga y el infeliz estado de mi pobreza. Arrimé, pues, el pecho al filo de un bufete, me hinqué de codos en la tabla; y haciendo para la cabeza estribos de las manos, cogiéndola desde la frente hasta la mollera, en ademán de descalabrado, empecé conmigo a razonar de esta suerte:

—¡Válgame Dios —decía—, cuánto tiempo ha que estoy sentado a la cola del mundo! La necesidad me araña, la pobreza me silba, la suerte me escupe, y el olvido me enmohece. ¡Treinta años se han deslizado desde que estrené la tela de la vida, y ha más de mil que soy pobre! ¡Que siempre me ha de mirar la fortuna con semblante acedo! ¡Con gesto avinagrado! ¡Que no haya visto en sus labios nacer la risa! ¡Válgate el diablo por dama tan desdeñosa! El mundo político es casa de juego de los hombres: unos ganan hoy, otros mañana; éstos pierden ahora, después aquéllos. La fortuna es la que a cada instante baraja los naipes de las cosas; ella es la que todo lo revuelve, nada deja estar fijo. Al vario movimiento de su rueda dicen que se gobierna el mundo; todo se dispone, todo se altera a los antojos de su condición inconstante. Ella es la que, según el dictamen de los hombres, reparte los papeles que se han de representar en este gran coliseo del universo, la que siempre está mudando los bastidores, la que todos los días saca nuevas figuras al retablo. Solo para mí se está queda; para todos los demás es varia, para mis males fija. ¡Y, finalmente, siempre ha de salir Torres haciendo el papel del licenciado Miseria, cuando la suerte está a todas horas haciendo de las suyas!

»No dista muchas leguas de aquí el gurullape Blas Camacho, y no ha mucho que era tan lego como cualquiera burro de vecino; y cuasi no ha pasado tiempo desde que estaba el pobre mocho en cluquillas de sacristán, y de repente lo hemos visto en zancos de cura. Ya roza tafetán y fondo; tan autorizado y campanudo como un arcipreste, y tan grave como letrado que acaba de salir de la tienda, y logra encaramarse en teniente de las coles. Ya trae guindadas del sombrero dos borlas garrafales a lo jerónimo, y embolsada la carrajola en un solideo a lo presentado; azufre y almidón en el cuello, antiparras en la nariz e hisopo en barba. No ha tanto que lo conocimos macarrón, ni que lo vimos en su iglesia rodeado de una sotana que donde se escapaba de agujero, caía en chorreón de aceite y en verrugas de cera.

Pregúntenle a Pablo Belloto, zapatero de burros, cuánto tiempo ha que le recetó una cataplasma para aderezarle las costillas la tarde que pegó de espaldas en el suelo por subirse a los mechinales del campanario en busca de cernícalos para venderlos a los muchachos. ¡Con semejantes transformaciones nos está la fortuna hiriendo los ojos todos los días, y solo Torres ha de ser rabo perpetuamente!

Así hablaba conmigo, ponderando lo errante de la suerte y lo inmóvil de mi desgracia, hasta que se dejó persuadir la cabeza de la sombra, de la soledad, del silencio y de la positura; y trepando a mi calvaria los humos de la cena, o ya ocupados los espíritus en la cocina del estómago, se relajaron los músculos, se opilaron las cavidades de los nervios, se obstruyeron los poros de sus fibras, cesó el ordinario correo de los órganos sensitivos externos al sensorio común, dejando el camino los caballos ligeros de los espíritus animales; cayéronse marchitos los párpados, sirviendo de mortajas a los ojos; y, en fin, el borracho de Morfeo me dejó tullido el espíritu, bozal el alma, atollado el entendimiento, en vacaciones a la memoria, y en sábado a la voluntad. Luego que la imaginativa se vio sin pedagogo, empezó a travesear con una tropa de títeres, cucarachas y monicacos que se esconden en la covachuela de mi celebro; y pasando esta desordenada escaramuza a sacar otras figurillas a sus tablas, con orden, concierto y disposición admirable, representaron en el corral de mi cholla la comedia que verán los que quisieren atender al sueño que se sigue.

Sueño

Con la melena distribuida en plastas, copos, torzales y burujones, los pelos en brega, barahúnda y algazara sobre la cara, colándose por entre ellos las miraduras como quien ojea por carántula de colmenero, tragado de una camisa tan áspera, que juzgue que me habían esterado la humanidad, los grehuescos más rotos que paz entre cuñados, por cuyos boquerones se dejaba ver la corambre de los muslos y el nalgatorio, desollado de medias, y en chancletas los zapatos, se me figuró que estaba en un cuarto entre oficina de figón, obrador de alquimista o zahúrda del infierno, pues tal pieza solo pudo ser habitación de algún diablo, el más sucio de la manada. Tenía el suelo cuatro costados de muladar; estaban en un rincón varios hornillos, morteros, almireces, retuertas, botes, redomas, alambiques y otros instrumentos del arte de quedarse sin camisa. En otro rincón se descubrían muchos montones de mierda de todas castas, aquí un manojo de hierbas, allí un revoltillo de pelos, ollas con leche, orines y sangre. En un lado había cantidad de carbones, en otro fuelles. Sobre un poyo se reconocía una candileja machucada, más puerca que el pecado nefando, cuya nariz se sonaba el moco del aceite sobre las hojas de un libro estropeado. Enfrente de él estaban otros muriéndose de hambre de pergamino, y entre todos una alcuza más untada que mano de relator. Las paredes, a diligencias del humo, por unas partes eran castañas, y por otras morcillas. Levantábase pocos palmos del suelo un fogaril, sobre el cual estaba haciendo su oficio un alambique medio abollado, y al margen de mi persona, esperando las milagrosas operaciones del fuego; las mangas del camisón convertidas en roscas casi sobre los hombros, los brazos remendados de tizne, los ojos hechos una sopa de lágrimas, huyendo las ofensas del humo con visajes de endemoniado, un buen pimiento por nariz, dos ascuas grandes por orejas, y todo el cuerpo sudando tinta por cuartillos. En fin, con estos accidentes, la vil calaña de mis calzones y camisa y los remolinos de mi pelambre, estaba un mamarracho tan feo como no lo pudiera parir la imaginación, aunque se dejara fornicar de todos los diablos en sus figuras.

Yo ignoro quién puso en mi celebro las fantasmas de objetos semejantes en la orden y disposición que tengo declarada, pues a tal estudio nunca le cobré afecto. Antes lo tuve siempre por locura y ejercicio tan infecundo, que estaba desterrado en mi vigilia cien mil lenguas en contorno de la imaginación. Pero verdaderamente yo me soñé, como he contado, haciéndome chicharrones el seso al calor de la fogata y en busca del embuste filosófico y la medicina universal. Así me hallaba, cuando (no sin vergüenza mía) se ensartó por la puerta del cuarto don Francisco de Quevedo y Villegas, que sospechando el linaje de mi ocupación de los trebejos que reconocía, en tono de iracundo y comunicando a las palabras la severidad del semblante, me habló en esta forma:

—¡Oh necio despreciador de las horas que vuelan fugitivas! ¿De dónde o cómo las alcanzarás una vez que volvieron las espaldas? ¿Cómo no te aprovechas de los favores del tiempo? ¿Cómo pierdes la preciosa moneda de los instantes? Ocupado estás en el ocio, y ocioso en la fatiga; dormido en el desvelo, y desvelado en el letargo. ¿Qué estudio es el que abrazas? ¿Qué tarea te ocupa? ¿Qué deseo te ejercita? ¿Qué objeto te embelesa? ¿Cómo consagras tus afanes a la investigación de un delirio? ¿Cómo derramas el sudor en busca de un fingimiento? ¿Cómo, para darle ser a una quimera, investigas especulaciones, repites desvelos, aumentas gastos y viertes los días en obsequio de una corrompida aprehensión? Ven acá, filósofo profano, ¿a estos ídolos permites que sirva el conocimiento de la naturaleza y de sus prodigiosos fenómenos, debiendo resultar de tus físicas meditaciones y filosóficos progresos la clara idea del Autor del mundo y del cielo, para engolfar tu contemplación en el inmenso archipiélago de sus innumerables atributos y mover tu voluntad al amor de tan soberanas perfecciones? ¿Quién te puso en el deseo del oro? ¿Ignoras por ventura que es afán en quien lo solicita, peligro en quien lo alcanza y pesar en quien lo pierde? ¿No conoces las cosas a que obliga la sed del oro? ¿No sabes los escollos a que conduce? ¿Qué género de males no son hijos de tan desordenado deseo? ¿Qué leyes no viven ofendidas de tan irracional apetito?

»¿Para qué, dime, apeteces más de lo necesario? ¿Acaso para vestirse no le tomas la medida a tu cuerpo y estatura? Pues ¿por qué para apetecer no has de tomar la medida a tu necesidad? ¿Todas las cosas fuera del hombre no se ordenan a su conservación? Éste es el uso de ellas. Pues para el fin de conservarte, ¿por qué el desorden de tu voluntad miente necesario lo que es superfluo? Aplica la mitad de ese trabajo a otro estudio, y te rendirá agradecido lo que bastará a callar los gritos de la naturaleza. Dime, cuando sea inculpable la destemplanza de tu deseo, ¿juzgas que has de apagar sus ardores en esta fuente? ¿De estos materiales crees que has de fabricar el oro para satisfacer a tu codicia? ¿Cuántos vivieron embelesados en tan despreciable asunto? ¿Cuántos consumieron el tiempo y la paciencia en tan pésima ocupación? ¿Cuántos gastaron su salud? ¿Cuántos, sus caudales? ¿Has visto, oh joven necio y mal aconsejado, el oro que les ha producido su continua tarea? ¿Por ventura oíste siquiera decir: Fulano enriqueció por haber hallado la verdadera piedra filosófica? ¿No es cierto que los más despertaron tarde de su modorra, y apenas tuvieron vida para experimentar los frutos del desengaño? ¿Acaso no fueron éstos mismos los que ministraron a su posterioridad los libros y recetas para alcanzar, regulando por ellas las operaciones, lo que los mismos nunca pudieron conseguir?

»Yo no te negaré que el arte es émula de la naturaleza, que solicita remedar sus acciones, y que puede hacer sus obras; pero no puede ejecutarlo sino es aplicando los principios activos a los pasivos. Y siempre que esta aplicación no intervenga, podrá contrahacer y darle a sus obras externos accidentes que sean semejantes a los de las obras de la naturaleza; mas nunca podrá conducir su acción hasta la intrínseca substancia de la cosa, de manera que la produzca. Esto sin duda acontece en la operación del arte respecto del oro. Después de mucho estudio y cansancio, resultará una cosa parecida algo al oro por los externos accidentes de que se viste, en fuerza de las diligencias del arte; pero no será oro verdadera y substancialmente, ni tendrá aquellas cualidades proprias que dimanan o se siguen a la forma de aquel metal. Éste no lo puede hacer el hombre en cuanto a la substancia, porque no puede hallar los proprios activos y pasivos para que resulte. Si solicitas lo que llamáis universal medicina, es otro ramo de la humana locura. ¿Quién te ha dicho que es posible en el ámbito de la naturaleza ni el arte remedio que, siendo uno en la substancia, tenga energía universal y fuerza expulsiva de todas y cualesquiera enfermedades? Éstas tienen variedad, no solo por sus diferencias específicas, sino también por sus condiciones numerales; y así piden para su expulsión específicos distintos y contrarias virtudes, las cuales, debiendo ser muchas a proporción de la diversidad de los efectos, no pueden residir en un ente solo. Abandona, Torres mío, este empleo; levanta la mano de esa obra, despide tan temerario intento, sal de esta zahúrda, vístete, y ven conmigo. Visitaremos tercera vez este gran teatro de la Corte de España.

Así concluyó mi venerado don Francisco su razonamiento, cuya eficacia se dejo conocer en las señales de vergüenza que en mí produjeron sus palabras. En consecuencia, pues, de lo que me decía, salí de aquel muladar; y después de haberme lavado, me mudé de ropa, y rebujado en una capa, salimos a la calle.

Visión y visita primera

Los abates

Tan vivamente me persuadía en el sueño la vigilancia de las especies, que aun hoy dudo si fue soñado o visto, aparente o verdadero, un figurón que vimos en la calle de Hortaleza, adonde fue nuestra primera salida. Era el tal de tan horrible estatura, que venía tropezando con la cabeza en los cuartos segundos; más largo que el viaje de Indias, y más grande que yerro de entendido. Los brazos eran dos tornillos de lagar, y por las bocamangas del vestido se le venían derritiendo dos muestras de guantero en lugar de manos; el talle en conversación con las gorjas, dos guadañas por piernas, dos tumbas por zapatos; y tan hendido de horcajaduras, que de medio cuerpo abajo parecía compás de carretero o tijera de aserrador. Su fisonomía era lánguida y sobada como pergamino de entremés; tan magro y descolorido de semblante, que a lo lejos parecía tarjeta sin dorar; enano de ojos, gigante de narices, tanto, que presumí que le colgaba del entrecejo la paletilla de un buey. Era espeso y tan rubio de bigotes como si tuviera el rostro sembrado de azafrán romín; un cuello valona que le enterraba los sobacos, tendido a usanza de pañizuelo de vergonzante, y una capa soga que solo le cubría el espinazo; y el vestido negro y marcial, que parecía furriel con luto. Cierto que me atemorizó haberme visto en esta figura, porque nunca vi visión más parecida a mi persona; y me tenté miembro por miembro, persuadido a que sin saberlo yo, me había escapado de mí, o que ya era alma del otro mundo y que yo mismo me había aparecido a mí proprio. Cobréme del susto; y conociendo que era el aborto de un abate acabado de vomitar del vientre de la Italia, le dije a mi difunto:

—Éste y otros que habrás visto rodar por esas calles son presbíteros miqueletes, dragones de la clerecía, que tanto hacen a pie como a caballo. Son los ganchosos y los escarramanes del estado eclesiástico, sacerdotes un cuarto de hora y salvajes todo el año. Éstos tienen más visitas que los doctores; viven de día y noche en los estrados; son dueñas sin toca ni monjiles, Colones de los refrescos y las tarariras. Tres géneros de gentes visten ese traje: los párrocos monteses, los segundos y terceros de los mayorazgos, y los tunantes perpetuos. De modo que aquellos curas bravíos, sacerdotes casados, que mantienen en los pueblos y aldeas cortas cincuenta años de criada en dos tomos y de padres de almas se hacen padres de cuerpos, se vienen a la Corte acosados de sus obispos y provisores; dejan del todo a su conciencia y a su feligresía, se visten de corto, rabón y desenfadado, y pasan la vida sin acordarse de sacramento ninguno; y de éstos es el número mayor. Los segundos y terceros de las casas lo visten por vanidad y galanura; son clérigos forzados, a quienes la política hace profesar de bolonios y holgazanes. Éstos acechan a los obispados para cargarlos de pensiones, que después hacen caballeratos; y arrojan el cuello, se ciñen espada, y son clérigos pegotes que roen de la Iglesia sin servirla en nada. Los visten también en este traje para proporcionarlos a las abadías, beneficios y patronatos de las casas; y en pillando la renta, encomiendan a un fraile el cumplimiento de las misas de la fundación o dejan pereciendo al purgatorio, y ellos reciben la gruesa, y triunfan y gastan a toda costa del tesoro de la Iglesia; y éstos solo tienen sabor a clérigos porque visten de luto, y los más ignoran los elementos de Antonio de Nebrija, conque vienen a ser los donados del estado clerical. La tercera especie de abates son los andarines, como mula de alquiler, tragones de leguas y mendrugos, que rompen la vida por cuestas y barrancos. De éstos muchos se aporran en la Corte, y hablan de Génova, Milán, Nápoles y Liorna; juntan auditorio de bribones en la Puerta del Sol, y entre otros de su calaña gobiernan el mundo, y pasan entre los bobos oyentes por los Terencios y Cicerones de este siglo.

—En mi edad —dijo el venerable muerto— había algunos vestidos de esta ropa, aunque guardaban más modestia y compostura en lo cercenado de ese traje. Pero éstos eran unos entrantes y salientes en el reino, a quienes la curiosidad, la negociación o el deseo de instruirse en la política castellana conducía a la Corte; y a éstos se les disimulaba como peregrinos lo engreído del hábito, pero a ninguno de los nacionales les fue permitido más adorno que el talar, que es escolástico y religioso entre nuestros españoles. Y es muy digna de corrección esta soltura, y los Santos Concilios lo tienen religiosamente destinado; y faltar a su reforma es traspasar lo reverendo de sus cánones.

—Dos motivos al parecer justos —dije yo— son los que pueden absolvernos de semejante delito: el primero, que en la Corte Romana, en donde resplandece la Cabeza de la Iglesia y se trabaja por los aumentos de la religión católica, son sufridos sin escándalo estos trajes, y los más eminentes varones de la Iglesia le visten por religioso y escogido; el segundo es que en la Corte de España están privados los escolares de entrar en el Real Palacio del Monarca con las ropas talares. Y este linaje de hombres, que tienen sus tratados que disponer o sus visitas que ejercitar, en alguna manera están forzados a vestir la ropa corta; pero es verdad que la pueden traer más parecida a los eclesiásticos que a los militares. Hay ya otra causa que hace preciso el disimulo de este desorden, y es que como los Monarcas de este siglo son extranjeros, ha sido copioso el número de franceses e italianos que frecuentan la Corte. Y como éstos en sus países siempre han vestido este traje, a imitación suya han procedido los clérigos españoles; y aunque sus jueces y ministros han procurado desnudarlos de él, ya con la pena de la cárcel, el horror de las censuras y otros tormentos, no han conseguido despojarlos. Antes bien ha sido más escandalosa la alteración; porque se mudaban los clérigos en gitanos, y vestían jaquetillas, capotes, capas burdas, sombrerillos redondos y monteras caladas, y se había aumentado en la Corte sensiblemente el número de los pícaros y los bandoleros. Conque por evitar mayores daños toleran éste; y ya no toca las líneas de escandaloso, por cuanto la gente de los pueblos y lugares lo tienen reconocido como eclesiástico y religioso.

—Economía cristiana es —replicó don Francisco— disimular alguna relajación porque no sucedan mayores. Pero dime ahora, en cuanto a las costumbres, ¿en qué estado viven los clérigos de esta edad? Porque temo que como se ha introducido esta disolución en el adorno, se haya apoderado del alma perversa libertad.

—Muchos hay honestos, virtuosos y de loables condiciones —le respondí—. Hay otros más caídos en la virtud, y no poco exaltados en la relajación. No hay vicio que no haya pisado los umbrales de esta recolección. Mas lo que no se puede oír con los ojos enjutos es el estrago que ha hecho la codicia en la conciencia de muchos eclesiásticos, así en la Corte como fuera de ella; y la mayor desgracia es que han encontrado una diabla teología con cuya anchura de doctrina gastan en usos profanos, coches, carrozas, juegos, festines, siervos y familias aquellos bienes con que les contribuye de limosna la congregación de los fieles católicos, engañados en pensar que son útiles y precisos a la decencia y respeto de su persona y de su estado. Y así usurpan a los menesterosos feligreses el caudal de que son únicamente tesoreros, recaudadores y no dueños. De la misma manera es deplorable la miseria de otros que faltándose impíos a la decencia y costumbre religiosa, tocan en sucios, desfarrapados y aun pordioseros; y amontonan en sus casas y navetas los frutos de sus beneficios, hurtándolos y escondiéndolos a los miserables pobres de sus parroquias, cuyos son legítimamente. Yo, Quevedo de mi alma, no quería creer que vivían en el mundo sin rubor tales ministros, hasta que la experiencia me ha hecho sabidor de esta lástima. Muchas veces he escuchado con tormento de mi corazón que el canónigo Fulano y el preste Zutano murieron y dejaron dos mil doblones al ama, mil a la sobrina, quinientos al criado Pedro y doscientos a la criada María. En los testamentos de los eclesiásticos no se oye otra piedad, ni se advierte otra distribución que con las amas, sobrinas, sobrinos y criados; y el más recoleto en aquella hora del morir lo deja por medio de un poder a una comunidad o al más cercano pariente; y siendo la obligación del estado sacerdotal la que está anotada y descrita por los Santos Doctores de la Iglesia, a imitación de la gloriosa y primera compañía de Jesucristo nuestro Bien, los bienaventurados Apóstoles, aquellos bienes que dejó a instancias de la muerte el eclesiástico ni pueden pasar a otro que no sea pobre de la diócesis, ni pudo él con serena conciencia tener escondidos y amontonados aquellos bienes con tal perjuicio de los vecinos menesterosos de su feligresía. El oficial del eclesiástico debe ser el más pobre y el más trabajoso; su vestido, humilde y honesto; su comida, moderada; su retiro, ejemplar; su pureza, notable; su caridad, mucha; su fe, viva y acompañada de todas las virtudes y buenas obras para que a su ejemplo se modere la libertad de los seglares, y con su vista se les despierte en su memoria el deseo de la cristiana vida. Y es el desconsuelo, difunto de mi alma, que hoy los más escogen a la Iglesia para vivir ociosos, regalados, poltrones y ricos; y no sin fundamento para significar un hombre obeso, bien mantenido y sin cuidados al estudio ni otras fatigas, dicen: ¡Tiene una vida como un canónigo!; o ...como un padre! Y no hay duda alguna que el eclesiástico que no ha de rezar, decir misa, ni confesar ni distribuir a los pobres sus beneficios, éste logrará una buena vida; pero también es cierto que se irá a los infiernos sin pasar por las penas del purgatorio. Los hombres ricos y más desocupados de los pueblos son los curas y los sacerdotes, y son los primeros que acuden a las diversiones, tratos y huelgas de los seculares.

—Este desorden —dijo el muerto— nace de la ignorancia del orden y la poca meditación que gastan cuando mancebos a saber las obligaciones del estado que han de elegir. Desde la primavera de su edad debían aleccionarse en la Sagrada Biblia, en la piadosa lección de los místicos, morales y doctrinales; pero es la desgracia que en mi siglo había pocos instruidos en estas ciencias cristianas.

—Hoy es mayor el número de los clérigos ignorantes en esa sabiduría —dije yo—, y solamente en las catedrales y universidades se encuentran algunos dedicados a la sagrada lección de los cánones y al discreto cuidado de las moralidades. Los demás han leído la doctrina católica por un Busembaum u otro prontuario, y esta aplicación les dura el espacio que hay entre una y otra orden; que luego que llegan a la de presbíteros, arriman del todo esta lectura.

—¡Grave y reprehensible es la pereza e ignorancia en que viven muchos eclesiásticos, debiendo ser los más sabios y diligentes en la ciencia cristiana! Dios Nuestro Señor, por ser quien es, los influya una inevitable aplicación al respeto, doctrina y servicio de Jesucristo.

—Vamos —le volvía a decir al sabio muerto—, que el tiempo es breve, y nos quedan muchas visiones que ver y algunas mansiones que visitar.

Visión y visita segunda

Los sastres, zapateros, reposteros y otros mecánicos

Entretenidos en la conversación y admirados de la figura del abate, venimos a dar con nosotros a la esquina de los venerables agonizantes, cuando hacia su portería vimos otra figura más fea y más descuadernada que cuantas se nos habían puesto ante los ojos entre todas las visiones pasadas. Parece que la naturaleza se equivocó en el repartimiento de las facciones, y que le habría trocado los lugares a los miembros. Los ojos, cada uno tiraba por su camino, porque al uno se lo sorbía el entrecejo, y el otro se le entraba en el cogote; nariz a pino como campana, con los bordes hacia la frente y los labios colaterales a la oreja como degolladura de marrano. Era su cara el juego de los despropósitos; pues si la vista preguntaba por la colocación de los sentidos, respondían las facciones con un disparate. Llegó éste a incorporarse con otra tropa de hombres, todos de buena capa, unos vestidos a la chamberga, otros entre golillas y jácaros, y los más en traje militar sobradamente aseados.

—Éstos —le dije a don Francisco— son algunos oficiales de las artes mecánicas: sastres, zapateros y peluqueros, que éstos son los hombres ricos de este siglo. En tu edad no había una tabla de pelucas; y hoy no se escapa calle sin tres o cuatro muestras, porque es raro el hombre que viste su natural cabellera. En tu tiempo un gran señor se calzaba por diez reales, y hoy cualquiera monigote paga treinta porque le vistan los pies. Los sastres especialmente son los poderosos de esta edad, gracias a la locura de los cortesanos, que los tienen con sus manías en continua tarea. Ha crecido tanto el número de este gremio, que iguala con la generación de los cornudos: éstos hurtan del mismo modo que en tu tiempo, y en este vicio no ha habido alteración, porque en sedas, tiras y bebederos entran las sisas con más valor que las hechuras. Cuando tú eras viviente, con dos vestidos al año te contabas con la bienaventuranza natural de los Reyes; y éstos no gastaban entonces más que uno de terciopelo en el invierno y otro de tafetán en el verano. Hoy es costumbre y moda que llaman tener hacinados una docena. Apenas podía pagar antes un cortesano bien empleado un vestido corto, y hoy cualquiera holgazán estrena uno cada mes. Esta abundancia ha hecho ricos a los sastres, y son hombres que labran casas, fundan mayorazgos y capellanías, y erigen sepulcros; y mañana se han de levantar con la república, y han de ser consejeros, privados, ministros y gobernadores, que como el dinero ha dado en mandarlo todo y ellos lo van recogiendo, les ha de ser fácil cualquier intentona. Los más oficiales de tu siglo están pereciendo, especialmente los golilleros, maestros de espada, picadores de caballos, libreros, tapiceros y pintores, por las nuevas costumbres introducidas en la España, como te dije ya y viste tú en las primeras visitas. Hoy viven, y se han ido chupando el dinero los sastres y los peluqueros franceses, los médicos italianos, los mercaderes alemanes, los zapateros, aguardenteros, relojeros, espejeros, danzarines, músicos y otros acompañamientos. Tú lo habrás notado, que yo no te puedo decir más.

—Nada de este desorden me admira —dijo el prudentísimo difunto—; porque en el siglo en que yo fui viviente, en los años en que lo viví, noté varias veces la mudanza de los caudales y dinero de unos ejercicios en otros, que a esta mutación da motivo el natural antojadizo, flexible, altanero y mal seguro de los hombres; y sucederá la misma alteración mientras haya humanidad, y en todas las cortes y reinos del mundo pasará la propria locura. Un poco de tiempo fueron en mi siglo poderosos los bufones y los poetas. Hallóse mal con ellos el oro, y se pasó a las rameras, a las alcahuetas y a los arbitristas; y desde éstos se abalanzó a los corchetes, alguaciles y ministros de justicia, y siempre anduvo rodando de unos en otros.

—Éstos siempre se están abalanzando al dinero —le dije al difunto—, y esa ambición está connaturalizada con las varillas. A las rameras no les vale ya el alquiler de sus cuerpos para una libra de chanfaina. En tu tiempo se acostaban con los embajadores, los grandes y los ministros. Hoy no pasan de sus caballerizas, y la más entoldada es entretenimiento de un paje o de un rodrigón; porque ha crecido tanto el número de esta mercaduría, que la soberbia de los deseos encuentra proporcionados los apetitos; y lo demás corre tan barato, que valen a huevo los pecados mortales, y ya los más son pecadores de gorra, lascivos petardistas y lujuriosos de contrabando. Las alcahuetas corrieron borrasca con las dueñas y algunos hipócritas (tal cual viejecilla carroña dura de la casta de tu tiempo, que anda atisbando doncellas, acechando casadas y descubriendo viudas): van a las iglesias y se hacen casuales en los atrios, y ponderan la belleza de la niña y el amor de la señora a tal cual mancebo, a quien conocen en la blandura de los ojos la fuerza de los apetitos. Pero ninguno las ocupa en nada, porque es muy raro lo que se peca por papeles ni por palabras. Los más se inclinan a la obra, conque ya las coberturas corren la misma fortuna que las ollas; porque han abaratado tanto las ofensas de Dios en este linaje de prohibición que espero en su divina Providencia que ahítos los hombres de la muchedumbre han de despreciar la carne, y más considerándola en tan bajos precios.

En esta conversación íbamos, moralizando el sabio muerto con la acostumbrada doctrina (de que no me acuerdo a causa de ser rebelde pesadumbre los vapores), cuando enfrente de nosotros vimos una figura que nos apestó los ojos y descuadernó todo el espíritu. Era un hombre lujurioso de narices, avariento de barbas, iracundo de semblante y tan perezoso de vista, que el un ojo no le había llegado a la cara, y el otro se estaba aplastado en un lacrimal; soberbio de quijadas, y las demás facciones las partían a medias la gula y la envidia, de manera que cada uno de los siete pecados mortales habían puesto su piedra en aquel rollo. Es cierto que si hubiera de pintar en forma de persona humana el pecado nefando o el de la bestialidad, no se pudiera contraer a figura más proporcionada que la que vimos.

—¿Quién es este demonio con bulto? —dijo Quevedo todo demudado.

Y acudí yo, y le dije:

—Éste es el polilla de las casas grandes de la Corte, el homicida de los nobles delicados, ruina de las saludes y los caudales; es repostero, que es lo mismo que inventor de puñales y pistolas. Éstos con la dulzura de sus bebidas han corrompido los estómagos más robustos de la España. En los grandes señores se conoce más esta destemplanza; pues por mantenerlos en sus casas, viven enfermos y mueren mozos. Éstos cuidan solamente en servir a sus amos las bebidas heladas y ensaladas crudas. Tienen arte para haber hecho de bulto y quitarle la fluidez a las aguas; ya la ponen en figura de ramos, flores y frutas, y los refrescos los sirven sin vasos. Es gente que ha encarecido los matrimonios, pues es renglón el de sus embustes que ha desbaratado muchas bodas. En palillos, nieves, frutas y mixtiones, ayudas de repostería, plata, arpilleras y mandiles gastan la mayor parte del mayorazgo de sus dueños. Todas las frutas, hierbas y granos los han hecho potables; y para ellos el oro también lo han sabido transmutar o mudar a sus faltriqueras y a sus países, de modo que más dinero han enviado a Roma los reposteros que las bodas entre parientes y los obispados.

—En mi tiempo —dijo el reverendo difunto— mantenían los señores y grandes algunos criados que poniéndolos en el escalón más arriba de los cocineros, los destinaban al cuidado de su plata y su ropa de mesa; pero el más docto de ellos sabía exprimir un limón en el agua elemental, y disponía un licor a quien daban el nombre de esta fruta. Pero ya, según dices, los han subido algunos escalones más arriba de su estimación, porque les paladean y lisonjean a su gula. En mi siglo no se conoció más agua que la del limón, la saludable aloja, que es del tiempo de Hipócrates, y alguna vez se gastó de canela.

—Pues, muerto mío, hoy de cuantas frutas, raíces y hojas produce la naturaleza hacen vinos y agua estos enemigos de nuestra salud. Una despensa no se distingue hoy de una botica, solo que en ésta se destilan los amargos para corroborar estómagos obstruidos, y en aquélla las golosinas para anticiparse el entierro.

Cruzando calles, y divertidos en la anatomía de estas visiones, nos hallamos sin sentir en la plazuela de las Señoras Descalzas; y atisbando mi muerto a la portería de aquella sagrada recolección, me dijo:

—Entremos aquí a descansar un poco, que voy fatigado de la continua marcha por estos barrios.

—Vamos enhorabuena —respondí.

Y tomando asientos en aquel banco que está empotrado a la entrada, y un poco de respiración, me dijo:

—Porque no se malogre este rato que hemos de parar aquí, deseo que me vayas respondiendo con la verdad y claridad que acostumbras a las preguntas que te hiciere de algunas cosas que no podremos ver.

—Pronto, obediente y verdadero —le respondí— te informaré de lo que haya llegado a mi comprehensión, aunque después me paguen cada verdad con una blasfemia.

—Dime, pues —acudió Quevedo—, ¿prosiguen en las casas nobles particulares unas conferencias o tertulias en donde se ejercitaban los mozos cortesanos en la pureza de la locución, en el conocimiento del idioma, en la cultura de la gramática castellana, ya para el uso de la oratoria o de la poesía, y en otras artes o habilidades que instruían, adornaban y no eran perjudicia-les a las leyes ni a las costumbres?

—Ya se acabó esa felicísima escuela, especialmente desde el principio de este siglo, que empezaron los españoles a gastar cabelleras, pliegues y tacones, y con la elección del traje bebieron la lengua y las costumbres a los malos franceses; y habiendo venido a Castilla lo mejor de la Francia, esco-gieron para su imitación las relajaciones, y arrinconaron la discreta política de aquel reino. Los franceses son, como todos los hombres, malos y buenos; y acá solo hemos tomado las borracheras y disoluciones de los malos, y no conocemos la aplicación, el estudio y la virtud de los buenos. El justo rigor en castigar a los ladrones y el notable cuidado en premiar a los sabios virtuo-sos, no hemos querido aprehender de la Francia, y hemos estudiado en ser borrachos y deshonestos. Mas volviendo a tu primera pregunta, digo que entre las verduleras, panaderas, taberneros y otros comerciantes en lo co-mestible, cuelan y pasan algunas voces españolas. Pero entre gente de Cor-te y de negocios en monedas y ropas, no es metal corriente el de nuestras palabras; y se le tiene por contrabandista y defraudador al que introduce en las conversaciones o contratos al nativo idioma. En Palacio y en las casas grandes, que son las que arrojan de sí la ley de los usos y novedades, solo se escuchan y atienden las voces de los franceses e italianos; y escupen al que no entra, sale y se entromete con el Se suy votr servituor, monsiur; Schiavo de la votra señoría; Fet le cumplimant a madama, etc. Anda tan perdido el idioma castellano, que ni en la pluma ni en los labios se encuentra. Prueba de esto es la novedad que no hubo en tu siglo. Óyela, y acabarás de creer mis expresiones.

»Habiéndose reconocido la impureza y la peste en que vivía inficionado el idioma entre los castellanos (porque nosotros mismos le solicitamos la enfermedad, introduciéndole la escoria de la Francia, la inmundicia de Italia, la bascosidad del latín y los excrementos pegajosos de todas las lenguas ex-trañas), se juntaron los años pasados los hombres del reino; y patrocinados de la casa de uno de los grandes señores, que lo fue en nobleza, costum-bres y sabiduría, trataron de recoger y acariciar al idioma, buscando tales voces que estaban desterradas en las escrituras antiguas de los príncipes castellanos, como eres tú, el Cervantes, Alderete, Covarrubias, Góngora y otros. Y habiendo trabajado esta turba de doctos más de diez y seis años, no han podido introducir otra vez las voces más puras como estaban en su primer origen; porque unas han ido a buscarlas al hebreo, otras al latino, otras al francés y otras al español; y aunque han redimido algunas de estos cautiverios, han entrado en España tan desconocidas, que ni aun las puede tomar en la boca la lengua que las parió. Veinte y cuatro hombres y veinte y cuatro mil libros están destinados a esta obra; y es tan soberbia, que todavía no nos han dado a luz los cimientos, porque en tanto tiempo solo se ha dejado ver un tomo, que contiene los principios del A y la B. Y yo estoy ya determinado a morirme, aunque cuente ochenta años sobre los que no puedo recoger, y creo que han de faltar los que vinieren detrás de mí, y no han de ver mediada esta gran obra, con la advertencia que no faltan materiales, sueldos ni protección, pues ésta corre por el Rey Nuestro Señor, a quien en forma ya de comunidad docta y precisa han besado la mano y recibido sus honras; que los sueldos para impresiones, creo que los gozan y bien cobrados.

—Es precisa y admirable la fundación de esta Academia, y más estando tan impura, como dices, la lengua —dijo Quevedo.

A que yo respondí:

—Por las vivas ansias con que solicito esta obra, temo que no se ha de fenecer; que yo ni otro podemos negar que será famosa y útil. Y a lo menos ya están ocupados veinte y cuatro hombres; y si no adelantaren nada, nosotros no podemos quedar de peor condición que la presente, porque ya se hablan en Castilla más idiomas que los que acudieron a la torre de Babel. Los poetas hablan en griego; los políticos, francés; los negociantes, italiano; y así estamos viviendo sin entendernos los unos a los otros. En el latín, Quevedo mío, estamos totalmente mudos. Solamente en las escuelas y comunidades religiosas se bandean con aquella gramática de las facultades para entender algo de la latinidad. Las agudezas retóricas, sus tropos y figuras no hay quien los enseñe ni los aprenda; y todavía no he oído seguir una conversación familiar, inteligible y corriente en la gramática latina en todo el reino, y lo he deseado con vivas ansias. Yo creo que si vuelves a aparecerte por acá, a mí o a otro, en la distancia de veinte años, no has de hallar quien te responda si no te vales de los idiomas extranjeros.

—¡Raro desprecio y ridículo odio a las cosas de su nación tuvieron siempre los españoles, engañados de la novedad y la ponderación de los que vienen a mondarlos de su curiosa política! Dejemos este punto, e infórmame en qué estado permanecen las religiones, y especialmente deseo saber de las militares. Dime, mi Orden de Santiago, cuya cruz adoré y ceñí viviente y venero difunto, ¿en qué estimación vive el monarca, y como viven sus hijos y caballeros? ¿Guardan y veneran sus estatutos? ¿Mantiénese aquella honra y temor sagrado entre todas las naciones, como sucedía en mi tiempo?

—Sé poco o nada de lo que me preguntas —respondí pronto—. Aparécete tú, cuando tú quisieres o Dios te lo mandare, a algún freile o caballero de tu hábito; que éste te responderá con fundamento. Yo solo te puedo decir que no he visto desorden apreciable. Dicen algunos que padece alguna alteración, pero no se puede dar crédito a sus voces. Las religiones regulares y observantes tienen muchos conventos en la Corte. Visítalos tú, y quedarás más bien instruido en todo lo que deseas saber. Yo estoy desocupado, podré guiarte a todas las comunidades, por si acaso has perdido la memoria de las situaciones; y a mí me parece que por el número de los que se salvan (si tú estás en paraje de saberlo) podrás conocer y presumir la altura o derribamiento de su observancia y devoción; y así discúrrelo tú por esa u otra señal, porque ningún viviente podrá instruirte a la medida de tus deseos. Solo te puedo decir que el número de los religiosos es más crecido que el de tu edad. Los templos están sumamente precisos y asistidos, y en esta cultura a lo sagrado es cierto que hay admirable celo en Madrid. Los remolones y perezosos a la asistencia de los cultos de Dios somos los que vivimos fuera de las religiones; y es necesario, además de la campana, llamarnos con clarines y timbales. Y en algún modo están hoy profanos los templos, porque todos los lienzos burlones y festivos que finge y dispone la óptica y perspectiva para los coliseos, patios y corrales, ya son más frecuentes en la iglesia que en el Buen Retiro, y ya van juntando en las sacristías caudal de bastidores y morteros. Y para que lo acabes de creer, sabe que hasta en los carteles convocatorios a la devoción que ponen por esas esquinas para señalar el día festivo, lo primero que advierten es que Predicará el padre Fulano, y este renglón es de letra bastardilla, y después, de letrones muy hidrópicos, Asistirá la Música de las Señoras Descalzas, o del Rey, con violines, etc. Porque temen que no asista la gente si no les dicen que hay también holgueta entre la devoción; y el templo en donde no suenan músicas festivas, y la iglesia que no tiene sabor a coliseo, está desierta, lo más del año.

—¿Qué dices? ¿Bastidores, timbales y clarines en los templos sagrados? —dijo Quevedo como lloroso.

—Sí —le dije—, yo lo he visto y oído mil veces.

—Bueno será, cuando se hace tan público —replicó, encogiendo los ojos y dolorido de semblante—. Dime —dijo el sabio muerto, como procurando alentarse—; y en cuanto a la barbaridad de los duelos y desafíos, ¿han mejorado los cortesanos?

—Ésta es una de las más religiosas y advertidas providencias del vigilante y temeroso de Dios Monarca que hoy nos gobierna; pues luego que llegó a España y conoció el brutal desorden de los desafíos, mandó publicar en decretos y pregones por toda su monarquía un bando en que condenaba a muerte afrentosa a cualquier individuo, de cualquiera distinción, si en secreto o en público desafiase o saliese al campo a lidiar, negándole también la inmunidad de la Iglesia a tan bárbaro delito. Y con ésta y otras providencias, hijas de su cristiano celo, te aseguro que la Corte y la España toda está tan quieta y dócil, que ha años que no se oye ni una quimera de garrotazos. Ya la horca ha tragado a todos los espadachines, broquelistas y pendencieros de tu edad; y está tan extinguida la generación de los provocadores, que no han quedado ganchosos cardonchas, escarramanes ni santurdes. Todos vivimos en una paz filípica, que es más gloriosa que la octaviana. Es la resolución más famosa que pudo tener el más poderoso de los reyes.

—Grandes bienes logrará la monarquía con tal paz —dijo Quevedo, y prosiguió—: Pero de esta noticia discurro yo que se habrá perdido el uso de las armas, y que la destreza de esta filosofía ya no tendrá profesores. En las otras dos apariciones me acuerdo que me dijiste que los jóvenes bien nacidos ni se dedicaban a leer, ni a domar un caballo, ni a tocar un instrumento, ni a jugar un arma, ni a la asistencia a las tertulias en donde se conferenciaba sobre varias materias. Pues dime, ¿qué se hacen estos hombres? ¿En qué gastan las horas de los días?

—En vicios y en ocios —le respondí—. Cuidan los hombres de este siglo solamente en afeitarse a menudo, tomar mucho tabaco y chocolate, mirar las ventanas, en traer un patrimonio en cajas, sortijas, relojes, palilleros, encajes y puntas; y en todo su estudio es imitar a las mujeres y hurtarles el genio y los adornos.

—«¡Desdichada edad, aquélla en que los hombres viven afeminados!», dice el Espíritu Santo —dijo Quevedo—; y en nada se deja conocer mejor la infelicidad de este siglo que en esta transformación y metamorfosis.

—Es tal —acudí yo—, que solamente la vemos en los jóvenes delicados pretendientes a maridos, que quieren ganar mujeres haciéndose a su similitud; que ha pasado a los hombres graves y ocupados en el gobierno. Más cuidan de que la peluca esté bien peinada, el bastón bien limpio, el coche bien pintado, y toda su persona bien rapada y engomada, que de acudir a socorrer las necesidades de las viudas, de los soldados y de los pretendientes. Por no mancharse en el bufete los encajes de la vuelta, que son enaguas de las manos, dejan de firmar un despacho en cuyo expedición pronta consiste la quietud de una ciudad o la felicidad de una armada.

Levantóse don Francisco algo furioso contra semejante alteración, y me dijo:

—Vamos, y guíame hasta instruirme en las novedades que no vi en mi siglo; que ya deseo salir cuanto antes de tan bárbara y tan escandalosa república.

Visión y visita tercera

El santo Monte de Piedad

Apenas tomamos el umbral para salir, repare yo que pasaba la plazuela un presbítero de buena edad y costumbres, ya ventiscada la cabeza con algunas flores del seso, que en la poca meditación pasarían por canas; festivo de semblante, agradable de miraduras y detenido de movimientos; su hábito talar, acomodado, limpio y religioso.

Díjele al compañero difunto:

—Ese venerable sacerdote me ha acordado la novedad más gloriosa de este siglo, y la fundación más útil que se ha conocido en los pasados. Desde aquí puedes verla. Seguiremos nuestra derrota, que por el camino te procuraré instruir de su noticia. Y así repara en esa casa grande que tiene pasadizo al Real Convento en donde estamos.

Noté que mi muerto había vuelto los ojos a su situación; y agarrándole de la mano, le guié por el camino de Santo Domingo, y le iba diciendo:

—Pues ésa es la tesorería de donde se despachan los socorros a los vivos y a los muertos, y es la caja en donde unos y otros encuentran el caudal para redimir las impaciencias del fuego y los tormentos de la necesidad. Aquí oyen favorable respuesta los gritos de los difuntos, y alivio las voces de los vivientes. Aquí se les burla la rabia a los demonios, y el coraje a los usureros. La codicia de éstos y el furor de los otros no se ejercita tanto desde que Dios inspiró a ese ministro suyo tan cristiana idea. Con los sufragios de esta devoción está más desierto el purgatorio, y menos desdichada la vida. En fin, éste es un Monte Santo de común Piedad, jardín copioso de universal remedio, con cuyos frutos se alimentan las carencias corporales, y se adelanta el alivio a las penas de las gloriosas almas detenidas en el infierno temporal del purgatorio.

—¡Válgame Dios! —dijo el sabio Quevedo, bañándose en profundo gozo— ¿Es posible que entre las relajaciones de esta monarquía cabe tan piadosa virtud? Explícame puntualmente los principios de esta inventiva, que deseo informarme para tener el más cumplido de los placeres.

—Escucha —le respondí—, que será breve. El año segundo de este siglo empezó sobre los cimientos pobres y débiles de un real de plata esta maravillosa fundación, siendo el elegido del cielo para esta gran obra aquel modesto presbítero que dejamos cruzando la plazuela. Colocóse con toda fee esta primera piedra día de San Francisco Javier de mil setecientos y dos; y creció con tal bendición, que ya el próximo se conoció en el mundo y en el cielo su exaltación, pues en este tiempo empezaron a recibir los sufragios de los vivos las ánimas benditas del purgatorio. De día en día fueron creciendo con la devoción los caudales, tanto, que el año de mil setecientos y cinco ya se fundó novenario solemne, en cuyo espacio de tiempo se ocuparon sin intermisión los altares todos de aquella religiosa iglesia, distribuyendo a los sacerdotes que acudían a celebrar por las ánimas del purgatorio la limosna de tres, cuatro y seis reales. Las contribuciones con que acudían los fieles vivos para el alivio de los difuntos dieron luz al ministro de la Iglesia, cuyo celo fue en todo este tiempo inexplicable para hermanear este bien de los difuntos con alguna utilidad temporal de los vivientes. Y erigió este Monte de Piedad, cuyo fruto sirve hoy unidamente al sufragio de los unos y a las necesidades de los otros; y dispuso dar préstamos sobre alhajas y prendas sin otro interés, recompensa ni donación que la que quisiese dar el socorrido, a imitación de aquellos Santos Montes de Piedad que cuando vivo verías en Roma y otras ciudades de Italia, por donde sabemos que caminaste, pero con la diferencia que en aquéllas se hacen los empréstitos con interés y a admitidos y capitulados de sus costumbres, y sus intereses sirven para otros destinos. Pero las voluntarias donaciones que dan en este Santo Monte, cuando vuelve el dueño por su prenda, se aplican para los difuntos, continuando la solemnidad de sus fiestas, oficios y novenarios. Arreglóse a estatuto esta fundación, todos piadosos y conducentes a la conservación de estos caudales, sufragios y limosnas. El Rey Nuestro Señor admitió debajo de su real sombra el patronato, y hoy está en el auge de sus glorias y sigue el ejercicio de la misericordia con los vivos y los muertos. Junte ahora tu discreción estas noticias para contemplar lo milagroso de esta obra. El año de mil setecientos y dos se depositó en una caja un real de plata, que fue el primer cimiento de esta máquina. Al tiempo que se hizo donación a nuestro Monarca Felipe V de este patronato real, se hizo entrega de cinco inventarios que comprehendían los caudales de la fundación, que importaron cuatrocientos mil ochocientos y ocho reales hasta el de doce; y hasta el de mil setecientos y diez y ocho se han interesado las ánimas benditas en un cuento cincuenta y siete mil doscientos y sesenta y dos reales de vellón, exclusos ciento y ochenta y siete mil ciento y setenta y siete reales que se han gastado en misas y novenarios, siendo no de pequeña consideración saber que se ha conseguido este copioso número de limosnas en la edad que más que nunca se ha visto la España acosada de guerras, trabajos y necesidades. De cuantas fundaciones ha meditado y puesto en práctica la piedad católica para el alivio de todos los fieles vivos y difuntos, a ninguna juzgo por más crecida de misericordiosos desvelos que a ésta.

—Mil gracias te doy —dijo Quevedo— porque me has instruido llanamente en las condiciones, principios y aumentos de esta gloriosa inventiva. Pero dime con verdad: habiendo, como es preciso, agregado de varios sirvientes y ministros para la guarda, distribución y asistencia de estos caudales, ¿se mantiene sin alteración de la codicia esta prodigiosa casa? ¿Te parece que durará fiel y cristianamente sin mezclarse en tan santos fines los malos medios de la usura, la avaricia o la ganancia indigna? Porque habiendo intereses tan copiosos, será otro nuevo milagro que no se vicie.

—No puede, Quevedo de mi alma —le respondí—, llegar a estos umbrales el atrevido vicio de la codicia; porque debes saber que los ministros están todos asalariados, sin tener uso, intervención ni otro dominio en estos caudales. Cobran sus sueldos, y llevan su cuenta y razón de los préstamos, cobranzas, ventas y repartimientos; y en lo demás ninguno se mezcla sino es en el modo de su conservación, y en esta era todos acuden con diligencia cristiana y caritativa a su aumento. Pues ese fiel, piadoso y desinteresado sacerdote a cuya memoria se debe esta maravillosa construcción es el primero que cede y ha destinado por los días de su vida enteramente su salario y otros bienes al aumento del caudal que se distribuye para gloria de Dios y alivio de las almas que están detenidas en el purgatorio. Que en adelante se conserve con la misma felicidad, lo debo creer piadosamente; porque siendo esta obra tan milagrosa y de tanto bien para todas las almas, siendo inspirada y aumentada por milagro, corre ya por cuenta del Padre Soberano su duración.

—Si hoy fuera viviente en el mundo —replicó Quevedo—, solo me dedicara a hacer memorable tan dichosa fundación.

—Es tan corto el tiempo —acudí yo—, que no me es posible ilustrarte enteramente de los contenidos famosos de esta carta. Pero día llegará en que yo sea uno de los que propalen al mundo este milagro, y me alegrara gozar para este fin solo aquel espíritu que por disposición y su naturaleza te asistió cuando viviente; pero ya que esta dicha no la pueda conseguir, me esforzaré con el que a mí me tiene repartido.

En esta conversación íbamos bajando la cuesta de Santo Domingo el Real, cuando descubrimos la gran Biblioteca de Su Majestad, y le dije a mi difunto:

—Ya, gracias a Dios, he visto otra fábrica en cuyo interior se oculta otra de las novedades más plausibles de esta edad, y famosa invención que no ha conocido tu tiempo. Vamos caminando, que allí nos es preciso hacer una larga visita.

Visión y visita cuarta

La librería del rey y los soldados

Desde el medio de la plazuela le dije yo a don Francisco, mostrándole la Librería del Rey:

—¿Ves esa fachada que en tu tiempo fue pasadizo al templo de las señoras de la Encarnación y casas para los músicos y cantores de su Real Capilla? Pues hoy es la más suntuosa biblioteca de las cortes.

Yo iba a informar al sabio difunto, cuando le detuve al ver la mala visión de un caduco que se embanastó de golpe donde nosotros íbamos a parar. Tenía el tal el rostro horadado de arrugas como tajo de abrir ojales; pajizo y triangular, como silbato de castrador; descolorido, seco y pilongo, como piojo de pobres; los ojos plagados de cagalutas y almorranas, tiñoso de dientes, calvo de barbas y tan montuoso de orejas, que cada una parecía un hojaldre. Me alegré que la casualidad me hubiese puesto delante esta figura; porque a los ochenta años de edad se le ha acordado hacerse famoso, y como ya está viejo, he querido yo tomar en mi pluma su memoria; y le ofrezco que si vivo muchos años, no escribiré papel en que no salga a danzar.

—Éste —le dije a Quevedo, por empezar a poner la primera piedra a su fama— era antes encuadernador de doncelleces, sastre de roturas virginales y remendón de pecados sucios. Con el calor de sus hornillos se le derritió la masa del celebro, y vino a parar en lo de poeta; cogióle en mala Luna el influjo, y hoy es ingenio rabioso como perro. Es loco tan rematado, que a ti y a mí nos levanta una resma de embustes y un millón de testimonios por no saber leer nuestros escritos. Vocea que yo te he injuriado, cuando sabe Dios y el mundo que siempre le quité la gorra a tu imagen, le canté alabanzas a tu capacidad, y le he profesado culto a tus memorias desde que debí a la naturaleza el uso de la razón. Éste es poeta cómico entremesero con sus tiznones de químico. Parió su musa en las frondosidades de Aranjuez un auto sacramental tan redomado como su persona, en que entraban las once mil vírgenes, y en él tenía tres villancicos a San Bernardo, San Francisco y las ánimas del purgatorio. Acuérdome que el de San Francisco decía:

Contar quiero las llagas
de mi padre San Francisco,

una, dos, tres, cuatro, cinco.

Estribillo.

Alegrémonos, alegrémonos,
porque es bien que nos alegremos.

El de San Bernardo era otro a solo, que decía de esta suerte:

San Bernardo no come escabeche
ni campeche,
porque es amigo de leche.

Estribillo.

Y al glorioso mamón
digámosle todos
Kirie, Kirieleisón.

El villancico a las ánimas era un dúo en esta forma:

¡Ay, que se quema;
ay, que se abrasa
el ánima que está en pena!

EL OTRO CORO

Pues abrásese enhorabuena,
que yo estoy en mi casa.

TODOS

¡Ay, que se quema;
ay, que se abrasa, etc.

Creyó salir de pobre y poeta con esta gran obra. Llevóla a la casa de la comedia, y los cómicos se la silbaron antes que los mosqueteros al oír tantas judiadas. Y como no la quisieron meter al buen alcoba en el corral, la arrojó al río Tajo con otros mamotretos de la misma alcurnia. Jubiló en Aranjuez en el arte de la emplastería, y ahora vive en la Corte, y es cosario en esta Biblioteca, a trasladar sátiras y a recoger disoluciones; pues ahora nuevamente está infernándose para sacar un papel contra mí, que le intitula Torres laureado en el Parnaso, en cuya obra están trabajando dos frailes, un profesor de medicina en Alcalá y un poeta que se muere de hambre en la Corte.

—Ya te dije la segunda vez que lograste mi aparición, que ni el desprecio es razón que te merezcan tales locos. ¿Qué quieres hacer ni decir de un hombre como ése, que estando ya a la boca de noche de la vida y con los dos pies en el sepulcro, está empleado en tan condenable fatiga sin acordarse de la estrecha cuenta que le pedirá Dios del crédito que te ha usurpado con tanta tiranía? Déjalo, y vamos a lo que vamos.

—Déjolo desde luego —le respondí.

E inmediatamente subimos la escalera de la Librería, en cuyos descansos, deteniendo un poco al muerto, le decía;

—Ésta es fundación contemporánea a la del Real y Santo Monte de Piedad que acabaste de ver. Es el recreo más útil que tienen las cortes políticas. Aquí acuden cuantos desean aumentar el discurso, tratando con la ciencia que dejaron en sus escritos la mayor parte de los sabios de la Europa. En este osario de cuerpos muertos aprenden vida e inmortalidad los vivientes. No quiero cansarte con epítetos, cuando tú estás notando su entidad y provecho. Allí hay —esto le decía desde la entrada al primer salón— otra línea que hace ángulo recto con la que pisamos, cuya cantidad contiene esta misma colocación de mesas, estampas y globos.

Retiróse de mí don Francisco de Quevedo, dejándome entretenido en el estante primero, donde están los libros de la filosofía y matemáticas; y el sabio por la cera contraria marchaba de paso, reconociendo los rótulos de todos, y a ratos se paraba y se divertía hablando, ya con los asistentes, ya con otros estudiosos forasteros en aquella pieza. Un gran espacio de tiempo corrió el venerable finado lo espacioso de los dos salones; y volviendo al sitio en donde me había dejado, me dijo:

—Esto ya está examinado; y si me hubieras dicho que aquí solamente había de encontrar mesas, libros y estantes, me hubieras ahorrado esta subida. En una Corte tan llena de ociosos es cristiano cuidado esta inventiva. Es del agrado de Dios, honra del Rey y provecho común a la nación.

Salimos de la Librería; y un poco más abajo del sitio en donde encontramos al químico cómico, podenco de raíces y sastre de villancicos, estaba una figura notable. Era un soldado regañón de gesto, mondado de cabello; la cara la tenía a la sombra de un par de mostachos, algo mayores que dos escobas de algarabía. Su vestido era un coleto de vaca, sin otra ojaladura, botones ni guarniciones que dos abujetas de perro; las calzas arrugadas hasta los zapatos, por corbata una pierna de un toldo empapada en sudor, y pendiente de un talay un alfanje corvo envainado en otra espada.

—Este soldado rancio —le dije a don Francisco está continuamente zahiriendo la milicia, y no hay para él acción buena si no se hizo en tiempo de las grebas y las lorigas. Confieso que se deben grandes aplausos al valor de los antiguos; pero quedaría defectuosa nuestra observación si no los permitiésemos con mayores ventajas a la militar república de los modernos. Hoy se ve brillar a competencia lo noble, lo esforzado y experimentado, y con tan armoniosa orden la concertada igual política de su disciplina, que su aplicación llegó a alcanzar los escondidos secretos de la fortificación, que en inexpugnables construcciones docta enseña cuanto puede alcanzar la sutileza del ingenio. Y aunque de este logro debemos dar gran parte a la noticia de los extranjeros, también debemos a la dócil benigna consideración de los oficiales mayores el cuidadoso desvelo que tienen en la elevación de academias para que en sus instrucciones se cebe la aplicación de nuestros españoles, lográndose en las claras, vivas y gallardas luces de sus talentos sabios maestros que nos enseñen lo que esta provechosa ciencia, con experiencias, acredita cuán necesaria es a la conservación del reino. A esta proporción se deben contemplar cuantas adherencias del lucidísimo cuerpo de Martes alentados componen el nobilísimo siempre temido ejército de España. Breve puede ser el número de sus tropas, pero no será breve el número que calcule su valor. Éste, haciendo heroico alarde, del pecho hace

151

escudo y el escudo espada. Sabida es la distancia que hay de la distinción que merecen los modernos, de aquella aprobación de los antiguos, que escondidos en sus petos se cubrían con la adarga, del impulso de la pica o de la fuerza de la espada, en comparación, hablo, con el incontrastable rigor del cañón, que en vómitos de fuego arroja esferas de plomo. Es mucho lo que se ha adelantado en este asunto, pero repara en la figura que se sigue.

Visión y visita última

Los sopones, montañeses, vizcaínos e italianos de los Caños del Peral

Iba trepando la cuestecilla de los Caños del Peral, delante de nosotros, un licenciado tumbado, arrebujado en una gualdrapa de mula de monje jerónimo. Por la trasera nos pareció nasa con luto, a quien solo desmentía una bigotera de caballo enharinado de la edad, que se le asomaba entre el faldón del sombrerillo y el cogote. De sus miembros solo descubría una mano negra y aplastada como cucharón de revolver cacao, y con ella tapaba las dos cuencas; y enseñaba un par de zancajos más sucios que delantal de galopín. Quiso don Francisco acelerar el movimiento para reconocer la fisonomía de aquel rollo viviente; y cortándole el paso, le dije:

—Déjale marchar; que en barrio estamos en donde no verás otra especie que la de semejantes grajos, que se anidan por estas posadas. Porque quiero que sepas que en este paraje hay dos novedades muy dignas de total consideración. Sabe, lo primero, que en tu edad fueron estas casillas el recogimiento de soldados descosidos, gallegos rotos y gorronas desgarradas; y ahora son hurelas de perdularios, escondites de gorrones y jaula donde se aporrean los tunantes sopones que garlan en las Universidades de Salamanca, Alcalá, Valladolid y Valencia. Y en algunos rincones despreciados se están enmoheciendo de montañeses y vizcaínos partes iguales, que unos por el negocio de las letras y otros por letras de negocio hacen tanto el suyo, que desde aquí salen a sahumar a ventosidades las almohadas de los coches y a regoldar con soberbia en los estrados; y a pocos años de vivienda en estas zahúrdas se forman ricos cambiadores, venerables secretarios, temidos jurisconsultos y buscados médicos. Lo segundo, debes saber que esa casa que ves cerrada fue cinco años ha corral de cómicos italianos, en donde en estilo de necedades representaban algunas disoluciones, ya tan mormuradas, que el buen Gobierno los privó el uso público.

—La que me acabas de informar —dijo Quevedo— es noticia que siempre me cogería de susto, y nunca pudiera yo prevenir semejante mutación. Pero la ya pasada no es novedad que me admira; porque en mi tiempo, aunque en diferentes lugares (que solo en eso es la alteración), vivían desdichadamente muchos que después vi en la altura de los solios; y es justicia y razón que su humildad y retiro lleguen al premio. La pobreza es accidente que regularmente se pone de parte de la virtud; y no es cualidad contraria al ingenio, aunque algunas veces sea tropiezo en el camino de la exaltación. Los que nacen en las manos de la abundancia y se crían en los arrullos de la riqueza, viven con el ingenio obstruido y tienen enferma el alma y tullidos los órganos para seguir la robustez de los estudios. Siempre fue pobre la sabiduría. Los poderosos son hombres ocupados, y pide un ancho albedrío la doctrina de las ciencias. Los bienes son inquietud de la voluntad, ejercicio de la memoria y replección del entendimiento. Saber para tener es ansia común y empeño fácil; tener para saber es buscar tropiezos en la ciencia. Todos desean saber para ganar, el que nace con las posesiones ya pierde la mitad de los deseos. Por exaltar el nombre y enriquecer la casa se sujetan los mortales a la fatiga de los libros y las armas. El que goza del principal bien de la naturaleza, más busca el descanso presente que la gloria y la riqueza futura; y más se detiene en desfrutar sus abundancias que a emplearse en nuevas fatigas. De los pobres se han formado los Papas, los cardenales y los obispos; y rara vez son accesibles estas eminencias a los mayorazgos. Conque ni la pobreza que me explicas ni la desnudez que me cuentas son novedades dignas de consideración; pues el mundo político, con pequeña alteración, siempre ha corrido y ha sido gobernado por tales sujetos. Muchos por su virtud, otros por sus vicios y otros por las extravagancias de su fortuna han mandado las cortes y reinos, habiendo sido antes de su exaltación el excremento de la república más mal alimentada.

—Toda esta doctrina —repliqué yo al estoico muerto— la venero como de tu discreción, y no me opongo a la gloria de los aplicados que me acabas de pintar. De manera que muchos vizcaínos y montañeses que viven en estas chozas son ciertamente dignos de la atención y a propósito para que la buena política los recoja para los ministerios; porque luego que se quitan la espuela o se sacuden los zapatos en estas posadas, empiezan a cuidar de sus adelantamientos y buscan oficinas en donde servir y aprovechar. Pero esta otra casta de escolares son ladrones del tiempo, amigos del ocio y del vicio; viven con su genio gustosos en la bribia, pasean la Corte arrebujados en una sotana, calados de sombrero, tirando cintarazos y mordiscos a un pan que llevan entre el sobaco y las costillas. Se burlan de todos y requiebran a cuantas tienen traza de fáciles, y siempre van dispuestos a pecar de medio cuerpo abajo; y en esta disolución rompen la vida. De modo que los conduce su destino o su desconcierto a una universidad a ganar los cursos y perder los días. Llega el mes de enero; y cuando se dan las vacaciones por Pascua de Resurrección, ya han tomado las aleluyas en la Corte. Se encajan en una posada de éstas, tan barata, que por dos cuartos compran la cama, la luz y el cubierto. El que es legista hace como que se pone a pasante con un letrado, el médico con un doctor; y cuentan por el año de práctica y especulativa los meses que han vivido de día en las porterías y calles, y de noche en el Prado, liados con gorronas. Y siendo precisa ley de la monarquía escolástica vivir cinco años en el estudio de la especulación y dos a lo menos en la tarea material de la práctica antes de exponerse a la revalidación, ellos los siete años reducen a tres, y cuentan por curso el tiempo mal vivido en la Corte. Quédanse aquí a los olores del premio, aprenden el alcorán de los truhanes estafadores, se amojigatan, se encogen y adulan unos meses; y en poco tiempo sueltan la costra y, puestos en limpio, sin acordarse de su primera fortuna, son las normas de la soberbia y el método de la altivez. Camina; entrarás en esta posada, que es una pocilga en donde se revuelcan tres de dicha alcurnia; que el uno es un perillán sucio de profesión que se está espabilando para intérprete de las orinas y comentador de las cagadas; el otro, un aprendiz de cura, chillón de responsos y entonador de credos; y el otro, un arquitecto de pendencias, hurón de delincuentes y tratante en horcas, azotes y galeras.

Entramos adentro, y estaba el cuarto ayuno de sillas y hambriento de cofres. Todos sus taburetes se reducían a un sillón desjarretado, sin más que la osatura, porque no se le conocía señal de respaldo ni de asiento; que éstos regularmente traen las nalgas a pie, en conversación con los ladrillos, y si tuviesen el culo descalzo de zarahuelles, ya tendrían callos a usanza de las monas. A un rincón estaba estrellado un bufete, que parecía de matar cerdos, en donde descansaban media docena de libros desollados. Tenía encogida una pierna; y había quedado cojo tan profundo, que necesitaba de un chapín de alcornoque o que le substituyese un tacón de ladrillo. Tanto le había encarnado la polilla, y le había abierto tantos ojos, que nos pareció panal; y aún nos pudimos persuadir que hacía espuma el palo. Encima de él se registró una percha, Peralvillo de alhajas; y de una soga se estaba reguindando un candil, que aún no estaba desvirgado, pues a diligencias de la estitiquez vivía tan puro y limpio, que se podía colgar del cuello.

Pendían de una de las escarpias unos cuellecitos que debieron ser del dómine Lucas; que apenas tenían sabor a blancos, y estaban tan mugrientos como si los hubieran colado en sartén de freír chicharrones de marrano. Seguíase una toalla con dos costados de arpillera y los otros dos de cotanza de alforjas, tan áspera, que en enjugándose con ella, dejaba la cara hirviendo a borbollones como si se diera un hombre dos rascaduras con un rallo. En el otro rincón estaba de colateral un servicio desorejado, haciéndole de ojo a un cuerno de caza que habían colgado más arriba, convidándole para escarbar culos como dientes. Riñendo con la pared había perdido una cuarta de labio, y había quedado con una mueca en forma de bacía. Más hediendo estaba que boca de pedigüeño o de murmurador, porque éstos de ocho a ocho días pagan a la tesorería del estiércol lo que han tenido en depósito la semana, y a los siete días les es preciso cagar por tasa y media y estercolar por onzas porque no les rebase el lodo con especias, y aun a los últimos es necesario descomer a nalga pendiente como a pleito o descargarse a pulso en los zaguanes.

Íbamos a abrir una puertecilla para entrar a otra pieza, pues la que voy pintando era la cámara, debiendo ser el recibimiento, cuando nos cortó la determinación una gritería que sonaba en la zahúrda; y cesando el mormullo, así prorrumpió uno de los sopones contra el médico:

—Vuesa merced seor agente de tercianas, procurador de responsos, vicario de tósigos y teniente de venenos, no nos maje cada día con quejitas; y si le parece mal el escote, puede marchar y acomodarse a barbero de ranas, o ponga sus miembros a pupilaje en una galera, en donde el catedrático de chiflido les enseñará sufrimiento. Todos padecemos las mismas sobaduras y despertamos machucados, y a la verdad que sufrimos como unos pretendientes.

—¿No me he de quejar —respondió el acusado— de ver que hemos recogido tanta necesidad y hacinado tanta escasez, que vivimos tan ajustados a una extracción de economía destilada por catorce alambiques de miseria, con quien es ahitera la templanza, glotonería la dieta y tragaldabas el ayuno? Nuestro ropaje está más traído que el texto de la escala, y damos gracias a

Dios de tener para curar unos zapatos. Ni aun podemos pagarle al basurero de barbas que nos friegue las mejillas. Y últimamente no siento tanto la laceria como la hediondez; pues estos demonios de bacines continuamente me están dando unos encontrones de olor que me tienen remachadas las narices y me traen revuelto el caldo del estómago, y a cada minuto se me están encaramando las tripas hasta las agallas, y temo que he de escupir algún día la asadura reatada con el menudo.

Éstas u otras parecidas razones dijo el médico; y yo, gustoso de oírlos, deteniendo a mi difunto, volví a escuchar. Y el aprendiz de Pandectas, desentonando la voz, le dijo:

—¡Válgate el diablo por bachiller alcornoque, contagio en cierne y peste en bruto! Nunca he visto nariz tan aguda con entendimiento tan romo. Por cierto que un hombre de estómago espantadizo es muy acomodado para una profesión estercolera. ¿No sabe que médico, cirujano, comadre de parir son los cuatro derrenegados de la limpieza? Desde luego puede condenar las ventanas de sus narices y echarse una pellada de dedos para leer sus libros, pues apenas hallará en ellos hoja que no hieda ni párrafo que no esté apestando. Yo le juro que la vista se le ha de zambullir en orines, y los sentidos se le han de atollar en cursos. ¿No advierte, seor catecúmeno del homicidio, que los que se aplican a esgrimir recetas han de aprender la lengua de los orinales y el idioma de los bacines (que éstos son los oráculos de los doctores), y si prosigue, ha de entrar en consulta con los excrementos y los meados, y cada enfermo le ha de pagar su moneda por el arrendamiento de los ojos y el alquiler de las narices? ¿Hay disparate más solemne que no querer comercio con la basura y meterse a escoba, no querer manosear cagajones y tomar plaza de escarabajo?

Irritado con estas últimas voces, alzó el grito el semicurandero; y los otros dos respondían con tal desentono, que la pieza parecía habitación de condenados. Y fue tan confusa y tan fuerte la algazara, que atropelló la potencia del oído, y no podíamos percibir con entereza las palabras. Sí solo conocimos que se vejaban unos a otros la facultad, y acabó en palos la porfía como los entremeses. Y las Pandectas, los Galenos, los Lárragas y los tablones de las tarimas andaban por las paredes; y salieron como reses furiosas los sopones, medio en carnes, liados unos con otros, repartiendo puñadas, reveses y hurgonazos. Al ver tan ridículas visiones, temiendo en la estrechez de la zahúrda alguna tropelía de su ciego enojo, nos salimos a buscar en la calle capacidad en donde ocultarnos de sus mojicones. Retirados ya de la cólera endemoniada de los escolares, le dije a mi discreto difunto:

—Ya, venerable mío, me parece que hemos visitado las mansiones nuevas que tiene la Corte desde que tú faltas de ella; y por más que pregunto a la memoria, no me avisa novedad en que instruirte.

—Pues si hemos concluido —respondió el difunto—, sígueme ahora; que quiero pagarte con una buena memoria la voluntad con que me has acompañado. Y pues hemos tocado las mudanzas y vicios de este mundo, ven y verás el que nunca puede parecer alteración.

Cruzando calles llegamos a la de Santiago; y siguiendo a mi sabio, vi que se entró por las puertas del templo dedicado al gran Patrón de las Españas. Yo procuraba ir algunos pasos detrás; y notando don Francisco mi pereza maliciosa, volvió el rostro sobradamente ceñudo, y con ademanes de enojado y señas de consejero me mandó que le siguiese. Confuso, tardo y tullido de un humor que sensiblemente conocí bajar desde el celebro a entorpecer los órganos de los movimientos naturales, las potencias sin uso y entregadas al temor, y con más cualidades de tronco que de racional, arrastrado de la misma turbación, entré. Y arrodillado a uno de los altares, más por costumbre que por cuidado, oré brevemente, sin saber si oraba; porque el miedo, la confusión y la esperanza de lo que me sucedería me cogieron de tal suerte el alma, que ni hallé al entendimiento para elegir, ni a la voluntad para conocer, ni a la memoria para preguntar.

Así estaba confuso, esperando la última resolución de mi temido muerto, cuando se levanta de repente; y al mismo tiempo se abrió aquella sepultura en donde hacía oración, y de su horrorosa cavidad saltaron sobre las demás losas calaveras, canillas, cúbitos, gusanos, tarazones de carne mal mascada de la tierra y otras ruinas y destrozos de las fábricas racionales, rebujadas en varios remiendos y zoquetes de jergas, sayales y mortajas. (Imagínese el que va leyendo a la hedionda garganta de un sepulcro, sin más compañía que la quietud medrosa de aquellos altares y cara a cara con un muerto, y por su discurso graduará la angustia de mi corazón.) Bajó, en fin, don Francisco;

y sorbida la mitad de su fantástica estatura en el entierro, agarrándome la mano, me dijo:

—Aquí paran los gustos, los deleites y alegrías e ideas de la vida (dado que sea placer el que dispone a la eternidad de infinitos tormentos). Éste es término de todas las locuras humanas. Hasta aquí fue rey el que lo fue en la tierra; hasta aquí Papa, señor y pobre. La vida, la fama, la honra, la salud, la hacienda, los amigos, los parientes y todos los bienes y los males del mundo no pasan de este coto. Este hoyo es el tragadero de los humildes y los presuntuosos, los fieles y los traidores, los libres y los esclavos, los pobres y los ricos: todos caben en esta estrechez. La poca meditación de este suelo os tiene alegres en medio de los vicios; todos sabéis que hay sepulturas para los muertos, pero ninguno piensa en que ha de ser difunto. Si supieran los vivos los bienes que ocultan estas losas, no apartaran la consideración de su profundidad; si una vez al día vieran con los ojos del alma estos destrozos, no estuvieran tan poblados los infiernos. Ya que te he debido que me hayas acompañado a reconocer las novedades de este siglo por la Corte, te quiero pagar esta fineza con mostrarte los engaños en que vivís y la poca esperanza que podéis tener de vuestra salvación, para que, aconsejado de mi verdad y la experiencia, puedas vocear cuán ofendido está el Autor de la vida de sus costumbres; pues las más ideas que vimos en ese caos de la Corte son contra su agrado. En él solo reina la usura, la soberbia, el hurto, la gula y una general destemplaza de todos los apetitos. Entra conmigo, que en esta oscuridad has de salir de la tiniebla de tus ignorancias.

Los huesos se me metían unos dentro de los otros al oírle estas últimas razones; y lleno de lágrimas, le dije:

—Déjame disponer, Quevedo mío, y limpiar mi conciencia; pues yo sé que una vez dentro de ese sepulcro, ya no queda esperanza para esta cristiana diligencia. Por el Dios que nos ha criado de la nada, y por la Pasión de su Hijo Santísimo, que me sueltes y me permitas volver adonde pueda prepararme para entrar gloriosamente en esta melancólica mansión.

Resistíame a entrar, y el difunto enojado me dijo:

—Ésa es otra de las locuras de los vivos: resistirse neciamente a lo que es inevitable, sin conocer la conformidad y disposición del Altísimo. Tiempo has tenido para limpiar tu conciencia. Tú debías esperar la muerte; ella no puede esperarte a ti, que tiene otras vidas que cobrar. La disposición católica no es cuidado de la muerte, es cuidado tuyo; y pues lo has despreciado, ven, que no te puedes quedar un instante más.

Y tirándome de la mano con alguna violencia, di de hocicos sobre las calaveras, cascos, mortajas y ataúdes. Golpe fue éste que me hizo despertar; y el que a estos golpes no despierta, más tiene de mármol que de hombre. Asustado, descolorido y todo en las manos del temor, me levanté de la silla, y sin tino por la pieza tropecé en una cantarilla de agua. Bebí y cobréme un poco del horrible temor en que me puso la pesadez de la modorra. «Sueños son éstos que si duerme vuesa merced sobre ellos, verá que por ver las cosas como las veo, las esperará como las digo.» Esto dijo Quevedo, dedicando el moral papel del Sueño de las calaveras a un amigo; y esto digo yo a los que hubieren llegado hasta aquí, distraídos solamente en la irrisible y disparatada copia de mis visiones.

Apéndice
Dedicatorias de las ediciones príncipes de las tres partes de las «visiones»

AL SERENÍSIMO SEÑOR INFANTE DON CARLOS DE BORBÓN, ETC.
SEÑOR:

Desde que ennobleció Vuestra Alteza con lo majestuoso de su capacidad las rudas teorías de mi profesión y limpió con la bellísima candidez de sus manos los tiznados trebejos de mi ejercicio, vive en mí una vanidad que burlándose de mi encogimiento, hace más soberbias mis fatigas y mucho más gloriosos los trabajos. Sudo, Señor, al pie de la letra, entreteniendo a las porfías del cansancio con la memoria de que están ennoblecidos estos moldes. La galera en que fletó la curiosa atención de Vuestra Alteza, hoy la conserva mi cuidado como reliquia de mi fortuna. En ella navego, despreciando las congojas que me siguen en el mar tempestuoso de la vida. Entró Vuestra Alteza a divertirse en lo vasto de su dilatación, y salió al puerto con felicidad instruido. Yo remo cada día sin esperanza de ver el amable suelo del descanso, si no debo a Vuestra Alteza que me saque de este profundo en que se anegan mis deseos. Desde este Scila clamo a Vuestra Alteza haciéndole mil votos, dirigidos todos a estar más cerca de sus pies; y no se contenta mi porfiada ambición en sacrificar los proprios, sino es que solicita los de cuantos peregrinos naufragan en las ondas de la mortalidad, para que sean también cultos a la exaltación de la superioridad de Vuestra Alteza. Y cuanto pueda acaudalar la disculpable codicia de mis talentos y mis manos, todo ha de ser para mejorarlo a los pies de Vuestra Alteza, cumpliendo así con los destinos de mi inclinación las obligaciones de siervo y los rendimientos de vasallo.

Este papel, que entresacó más la violencia que la amistad de entre otros cartapacios del floridísimo ingenio de don Diego de Torres, ofrezco a los pies de Vuestra Alteza, confesando que el motivo de mi solicitud no ha sido lo rudo del interés, sí solo el ansia de sacrificarlo, por ser su lección graciosa y moral y tan llena de sales, que habiéndolo reconocido por mis súplicas los más graves sujetos de la Corte, todos a una voz dicen que excede en cultura, moralidad y gracia al hasta hoy inimitable don Francisco de Quevedo, gloria y honra de nuestra nación. Conque por trabajo de tan copioso ingenio, por su donaire y por su plática, le he traído a los pies de Vuestra Alteza; que así va defendido de los enemigos que han procurado enterrar la fama de este sujeto. Él queda honrado, y yo glorioso en hacerle esta honra y a Vuestra Alteza este sacrificio. Nuestro Señor dé a Vuestra Alteza mucha vida, coronada de felicidades, como desea y ha menester esta Monarquía. Madrid y octubre 4 de 1727.

B. L. P. de V. A. su más humilde criado,

ANTONIO MARÍN

AL SEÑOR DON JUAN DE SALAZAR, CABALLERO DEL ORDEN DE SANTIAGO, REGIDOR PERPETUO DE GUADALAJARA, MEDINACELI, ETC.
SEÑOR:

Yo había cambiado en la tienda del juicio, señor don Juan, mi señor, los groseros retales de mis chanzas por un envoltorio de tristezas, con firme deliberación de que mi fantasía no vistiese otra gala que el reverendo luto de las moralidades; porque como ya pasa de pueril el temperamento, está desacreditada la modestia con las gaiterías de mis aprehensiones. En este propósito estuve tan de asiento, que ya tenía tela cortada para mudar el traje a mis ideas. Pero las permisiones de Dios me dejaron tan desnudo, que en un mismo día se halló mi cuerpo y mi espíritu sin una hilacha con que cubrirse; pues del sayo que me abrigaba los miembros me desarropó el demonio en un mesón camino de la Corte; y creo que se está acabando de destrozar en la estatura de un ventero, y mis camisas se han transformado en valonas, pañuelos gregorillos para celebrar los días clásicos de almanac. El vestido de mi espíritu se malogró en el cambio, pues no es tela la de la melancolía que parece bien a los ojos de este siglo. Conque yo, estoy con la animalidad en cueros y el alma en carnes. Últimamente, no teniendo paciencia para vivir escondido y desnudo, recogí unos trapajos jocosos que se habían olvidado en la memoria; y con los retales éticos que troqué en la tienda del desengaño, me he vuelto a vestir, y salgo a la plaza del mundo centauro mixto de pata galana y religioso, ya moral, ya desenfadado, ya místico y ya burlón. Por ahora no parece otra providencia, conque me es preciso sufrir la condición de esta fortuna.

Este traje es el que visten estas Visiones, señor don Juan, que ofrezco y sacrifico a vuesa merced por dos causas: la primera, por entretener y lisonjear al ardentísimo amor que le tengo; y la segunda, para que vuesa merced las castigue y reforme con el caudal copioso de su discreción, pues sin desnudar a su entendimiento podrá vestirlas de nueva gala. La distancia de cuasi sesenta leguas en que vivimos separados no me concede el gusto de remitirlas en su primer borrón para que saliera de una vez con buena limpieza y sanidad; pero siempre que merezca yo a vuesa merced su enmienda, me será fácil disponer que purguen segunda vez en la prensa sus pecados. En esta desnudez del espíritu busco a las abundancias de vuesa merced; que las demás carencias corren por cuenta de mis enemigos, a quienes parece que ha encomendado Dios mis remedios. Y como a otros les ha prestado Su Majestad el patrimonio en olivas, uvas y heredades, a mí me lo ha puesto en rencores; y espero ganar con estas Visitas media docena de enemigos nuevos, que me enviarán a casa, a su pesar, cuanto haya menester. Líbrenos Dios, señor don Juan, del mundo, demonio y carne, que son enemigos pegados a nuestra naturaleza; que de los necios que nos persiguen, nos sabremos reír con un sí es no es de conformidad y un tanto cuanto de conocimiento; y a mí más me sirven de burla que de ejercicio, más de gusto que de pesadumbre, y más de conveniencia que de descomodidad. Dios me los mantenga, pues el día que me falten me contaré entre los muertos o con los infelices; y a vuesa merced le dé vida para honrarme, corregirme y favorecerme, y le comunique mucho de sus bienes y dones. Salamanca y agosto 1 de 1728.

B. L. M. de V. md. su servidor y amigo, que le ama con toda voluntad, DIEGO DE TORRES VILLARROEL

AL SEÑOR DON MANUEL PELLICER DE VELASCO, CABALLERO DEL ORDEN DE SANTIAGO, GENTILHOMBRE «VARLET-SERVÁN» DE LA BOCA DE SU MAJESTAD, TENIENTE COMISARIO GENERAL DE LA INFANTERÍA Y CABALLERÍA DE ESPAÑA
SEÑOR:

Señor y amigo mío, habiendo determinado continuar el proyecto de mis Visiones y visitas, añadiendo a las dos que han visto la luz pública esta tercera parte con que solicito ponerle término a mi tarea, quise encomendar la última porción de la obra, poniendo en su frente aquel apellido tantas veces ilustre que acuerda las glorias de la esclarecida casa de vueseñoría y las obligaciones en que han constituido a la república de los estudiosos de España tantos héroes, que se hicieron muy dignos con sus plumas del más constante agradecimiento de la posteridad. El último que honró los moldes con sus bien logradas fatigas fue el señor don Gabriel Álvarez de Toledo y Pellicer, cuyo recuerdo entre los eruditos no se atreve a ser memoria sin ser veneración. Y aunque ha poco que cierto autor, por otra parte ingenioso y abundantemente instruido, lo sacó a su teatro para exponerlo al silbo de los mosqueteros, todos los hombres de erudición y juicio han calificado en esta parte al dicho autor de haber incurrido en la nota de una menos ingenua que interesal condescendencia. Todos aseguran que temiendo el autor el que deslúciesen su obra las sátiras de un vivo, le compró a éste la aprobación o la seguridad con ayudarle a roer la estatua que en el Capitolio de Minerva es glorioso monumento de un difunto. Este error afectado o ceguedad voluntaria manifiesta cuántos desaires pueden padecer las verdades en las plumas de aquéllos que proceden a escribir sin tener corregida la voluntad, y que en orden a desviar a los escritores del acierto no son dos cosas la pasión y la ignorancia.

Aquel feudo de gratitud que a la casa y familia de vueseñoría deben pagar todos los aficionados a las musas y los particulares favores con que me ha distinguido vueseñoría, me pusieron en la determinación de ofrecerle esta obra, la que consagro a su nombre sin temer que sea desproporcionado mi ofrecimiento; pues aunque vueseñoría se ilustra con la honrosa profesión de soldado, no siendo menos político y estudioso y haciendo lugar entre sus ocupaciones a los ejercicios literarios, como lo acreditan varias obras de toda erudición, ya impresas, ya manuscritas, que he merecido leer privadamente, además de las que ha logrado la publicidad (especialmente la copiosa descripción del mundo que honra los tomos del gran matemático Medrano, cuyo argumento supo ilustrar la elocuencia de vueseñoría con los floridos accidentes del verso, para que no le faltase preciosidad a aquella joya), por esta parte no es importuno mi sacrificio, corto a la verdad, pero bastante para insignia de mi afecto y buena ley.

Nuestro Señor guarde a vueseñoría muchos siglos de felicidad. Madrid y mi posada, 4 de octubre de 1728.

Afecto servidor de V. S.,

DIEGO DE TORRES Y VILLARROEL

Libros a la carta

A la carta es un servicio especializado para

empresas,

librerías,

bibliotecas,

editoriales

y centros de enseñanza;

y permite confeccionar libros que, por su formato y concepción, sirven a los propósitos más específicos de estas instituciones.

Las empresas nos encargan ediciones personalizadas para marketing editorial o para regalos institucionales. Y los interesados solicitan, a título personal, ediciones antiguas, o no disponibles en el mercado; y las acompañan con notas y comentarios críticos.

Las ediciones tienen como apoyo un libro de estilo con todo tipo de referencias sobre los criterios de tratamiento tipográfico aplicados a nuestros libros que puede ser consultado en Linkgua-ediciones.com.

Linkgua edita por encargo diferentes versiones de una misma obra con distintos tratamientos ortotipográficos (actualizaciones de carácter divulgativo de un clásico, o versiones estrictamente fieles a la edición original de referencia).

Este servicio de ediciones a la carta le permitirá, si usted se dedica a la enseñanza, tener una forma de hacer pública su interpretación de un texto y, sobre una versión digitalizada «base», usted podrá introducir interpretaciones del texto fuente. Es un tópico que los profesores denuncien en clase los desmanes de una edición, o vayan comentando errores de interpretación de un texto y ésta es una solución útil a esa necesidad del mundo académico.

Asimismo publicamos de manera sistemática, en un mismo catálogo, tesis doctorales y actas de congresos académicos, que son distribuidas a través de nuestra Web.

El servicio de «Libros a la carta» funciona de dos formas.

1. Tenemos un fondo de libros digitalizados que usted puede personalizar en tiradas de al menos cinco ejemplares. Estas personalizaciones pueden ser de todo tipo: añadir notas de clase para uso de un grupo de estudiantes,

introducir logos corporativos para uso con fines de marketing empresarial, etc. etc.

2. Buscamos libros descatalogados de otras editoriales y los reeditamos en tiradas cortas a petición de un cliente.